立人天地

优教书系

不乖

为什么我的孩子

Why Can't My Child Behave?

[英] 安贝尔·艾利奥特 著
Amber Elliott
赵琰 译

黑龙江出版集团
黑龙江教育出版社

版权登记号：08-2015-008

图书在版编目（CIP）数据

为什么我的孩子不乖 /（英）艾利奥特（Elliott, A.）著；赵琰译.——哈尔滨：黑龙江教育出版社，2015. 7
ISBN 978-7-5316-8 4 1 2-1

Ⅰ. ①为…　Ⅱ. ①艾…　②赵…　Ⅲ. ①儿童教育—家庭教育　Ⅳ. ①G78
中国版本图书馆CIP数据核字（2015）第183040号

为什么我的孩子不乖
WEISHENME WODE HAIZI BUGUAI

作　　者　［英］安贝尔·艾利奥特（Amber　Elliott）著
译　　者　赵　琰　译
选题策划　王春晨
责任编辑　宋舒白　王春晨
装帧设计　Amber Design　琥珀视觉
责任校对　徐秀梅

出版发行　黑龙江教育出版社（哈尔滨市南岗区花园街 158 号）
印　　刷　北京鹏润伟业印刷有限公司
新浪微博　http://weibo.com/longjiaoshe
公众微信　heilongjiangjiaoyu
E-mail　heilongjiangjiaoyu@126.com
电　　话　010-64187564

开　　本　700 × 1000　1/16
印　　张　17
字　　数　207千
版　　次　2015年9月第1版　2015年9月第1次印刷
书　　号　ISBN 978-7-5316-8412-1
定　　价　33.00元

目录

Why can't My child behave

序

FORWORD

在西方世界，有一个根深蒂固的传统，养育要以社会学习理论为基础。重点关注父母在孩子身上运用奖励及其推论，达到可接受的行为。比如暂停、赞扬、奖励和忽视等养育策略都直接源自这一理论。

由于早期发育过程中曾经历创伤并且因此而在感情上感到不安全的孩子，他们如果要从早期的经历中恢复，就需要非常特别的养育。这些孩子普遍难以适应传统的养育方法。为什么这些观念对这类孩子不起作用以及什么样的养育方法是较好选择都需要一个清晰的解释。在提供这样一种解释的同时，安贝尔·艾利奥特（Amber Elliott）还向我们提供了一种养育孩子的方法，这种方法可能有益于所有孩子，无论他们是否感到安全。我们养育孩子的观念是同他们建立感情联系，他们管理各类行为，二者同等重要，而各类行为通常是这种感情经历的表达。这本书将把我们带向那个方向。

我记得本科时接触了心理学学派行为主义，借此我才深入了解了社会学习理论。讲师向大家讲述了一个关于一群学生捉弄他的故事。讲师毫不知情，当他站在演讲厅一边时，学生们看起来非常专注并且感兴趣，但是当他站在演讲厅的另一边时，学生们看起来非常无聊并且不感兴趣。讲师迅速从感兴趣的那边开始他的演讲，他的行为因为这种反应而发生改变，社会学习理论起到了作用。这正是一个我们能够控制别人行为的强有力的例子。

当时我发现这非常吸引人，现在我更加谨慎。如果我们对孩子运用社会学习观念，或许会得到我们一直找寻的行为，但是这个过程中我们失去的是什么？

孩子们学会恰当的行为。

孩子们没有学会他们会无条件地得到爱——无论如何我会爱你。

孩子们没有发现他们参与到相互影响的互惠关系中——你喜欢我，我喜欢你。

孩子们没有经历与他人深厚的感情联系——我们分享积极的情绪，你支持我的消极情绪。

如果孩子们获得这些经历时学会“行为管理”，那么他们在感情方面会是健康的，并且父母或许会有一些策略帮助他们克服困境。社会学习理论可以提供一些有帮助的养育理念，但是需要一个感情充沛、能得到支持的环境。

早期经历过虐待、忽视、不稳定、遗弃和离别的孩子会是什么样子？这些孩子不知道他们是可爱的。这些孩子发现互惠关系是可怕的而不是令人高兴的。这些孩子害怕可能会带来伤害的感情联系。相反孩子们变得克制，才会感觉比较安全，并且这种安全感是值得为此牺牲的关系。

行为管理建立在社会学习理论基础之上，“奖惩思维”强化了这些克制的行为，并且使孩子进一步远离互惠的、感情联系起来的关系。因而他们无法从感情上发展。他们被束缚在早期的经历中，并且对感到安全但贫乏的克制关系极度不满。他们的人性部分会由此丧失，这是我们无法承受的一种悲剧。

移情行为管理提供一种选择，对于曾受过伤害的孩子来说是最基本的，但适用于所有孩子。在本书中，安贝尔·艾利奥特向读者介绍了移情行为管理，并展示了其对大脑发育、从创伤中恢复，以及从形为上帮助孩子的重要性。鼓励父母在满足孩子感情需求的前提下重新思考行为。理解导致这种行为的经历意味着父母在保持与他们联系的同时，通过一种更能接受的方式（纠正法）帮助孩子变乖。

有安全感的孩子逐渐知道并信任这种联系。他们知道他们被无条件地喜爱，并且父母对他们的经历感兴趣。因此，当父母使用纠正法时，孩子已经感受到被联系。有安全感的孩子根据父母提供的修正他们的行为，丝毫不怀疑父母的爱和安全感。

没有安全感的孩子，缺乏这种安全感，不太可能按照父母的愿望修正他们的行为。相反，他们会以各类有助于他们感受到安全感增加的方式来变乖。这或许不会包括父母。养育没有安全感的孩子时，在我们纠正孩子之前，需要把更多的注意力放在建立联系上。理解孩子的感情经历，允许父母为这种经历提供移情，同时也为行为的改变提供一些支持。父母在纠正之前建立联系，并且确保没有良好的理解就不要去纠正。这正是本书的核心所在，通过清晰的解释和实践观念，安贝尔指导读者弄清楚移情行为管理的运用和如何运用这些理念对付复杂和具有挑战性的行为。

社会学习理论向我们提供了一个有用的框架结构，在奖惩思维的逻辑基础上培养孩子。因为这些理念已经被父母接受，社会学习理论家一直在想方设法确保这些方法重点用在积极关系上。然而，我每天听到用在孩子身上的方法，似乎更多的是惩罚而不是奖励。这只能增加一代没有安全感的孩子。我认为是时候重新思考我们养育孩子和管理他们行为的方法了，是时候把移情行为管理变成我们支持所有孩子的途径了，我们在纠正孩子行为之前先与孩子建立起联系。孩子们仍然需要界限和指导，他们仍会学会可接受和不可接受行为之间的区别。重要的是，他们还将通过得到理解、肯定和支持而经历他们的感情生活。他们将学会互惠关系的价值，对于同他人建立联系的本能需求也将会得到满足。

养育孩子的这种方法基于什么成就了我们大多数人、我们彼此联系的能力之上，这不仅仅会在行为上受益，而且还确保孩子在生理上得以健康成长。

移情行为管理向我们提供了培育感情健康孩子的希望。对于成长最初在非常具有挑战性的养育环境中培养的孩子，在对他们来说是最重要的关系中经历过创伤的孩子，移情行为管理是唯一具有先见之明的途径。这些孩子不对奖惩思维做出反应，这只会加强他们的离心力，逐渐远离他人。这些孩子起初可能害怕由移情行为管理带来的这种联系，他们会期待伤害和进一步失去。然而，当父母坚持下去时，随着孩子的推移，孩子们会再次恢复他们与生俱来但由于出生环境被夺走的信任。

孩子们将学会他们无条件地被爱。

孩子们将发现他们可以参与各类互惠关系。

孩子们将经历与其他人的深厚情感联系。

这种养育方法有助于孩子从他们的早期经历中恢复过来，并走向成年期，因为情感健康的年轻人能够在各个方面挖掘他们的潜力。

临床心理学家 基姆 · S. 戈尔丁（Kim S. Golding）

第一章

我已经尝试了所有方法，为什么不起作用？

Why can't My child behave

在理解一个受过创伤的孩子并帮助照顾者不要用或许他们感到十分满意但无益的方式回应孩子时，了解并理解这些感情至关重要。

冗长的回答

为人父母是世界上最重要的事，养育孩子却不知道如何去教养是世界上最困难的事。运用正确的知识做好这一点，不仅能改变我们这个社会中最易受伤者的生活，而且能改变社会本身。

理解养父母每天都面临多么令人敬畏的任务是我想写作此书的原因。在我的职业生涯中，一直与许许多多养父母以及他们的孩子一起工作。在工作中，我不仅从学术和关于这个课题的新兴研究领域学到了许多东西，而且从照顾者和孩子们身上学到了许多东西。

直到最近，真的没有多少科学知识可用来更好地帮助那些曾受虐待和被忽视的孩子。不可思议的是现在有了。然而，充分了解这门科学的意义并将其转化为能起重要作用的策略，仍然有大量的工作要做。

由于缺乏立刻能用、鼓舞人心的科学理解，大多数养父母用他们所知道的最好方式来管理孩子的行为。大多数照顾者、父母和专业人员已经接受过训练，运用与在其他任何孩子身上相同的方法来处理曾受虐待和被忽视孩子的困难行为，也就是说，运用本书通篇所称的“奖惩思维”（这种理论对于行为改变是最有效的，它是通过奖赏被期待的行为和惩罚不期望的行为来创立的）。

照顾者和专业人员长期受到依恋理论的影响（该理论解释了未成年人与其最初照料者之间的关系对于孩子未来情感和心理健康的重要性）。对代养人以及参与代养和收养的社会工作者进行理论培训似乎是十分必要的。然而，根据我的经验，当出现需要应付孩子具有挑战性的行为这种“此时此地”的困难时，专业人员和养父母通常会脱离基于依恋理论的观念。

几点说明

在考虑改变有什么用以及如何改变之前，我想说明几点：

第一，本书是专门写给那些被代养和收养的孩子的，这些孩子在某种程度上都经受过早期创伤（根据我的经验，99.9%被代养和收养的孩子都经受过）。然而，书中所涉及的原理、科学知识以及策略适用于所有孩子。

第二，“照顾者”（carers）这个词贯穿全书，它指代任何养育发育中曾受创伤的孩子的人，例如：代养人、养父母和家政人员等。

第三，“创伤”这个词：当我们提到创伤时，它是指研究人员所说的“发育创伤”（凡·德·科尔克，2005）或者“关系创伤”（斯科尔，1994）。这不同于战争造成的“创伤后心理压力障碍症”（PTSD）、车祸后遗症，也不同于日常对话中可以随意讨论的创伤。

PTSD一般是指一次性、威胁生命的事件所引发的后果，会引起幻觉重现、侵入性思维、噩梦以及其他困境。PTSD破坏了一个正常人的应对能力；另外，发育创伤严重改变（并且在某种情况下阻碍）“应对能力的发展”（devepopment of the capacity to cope）。

发育创伤的深远影响解释了为什么养父母面临的挑战如此大以及为什么行为管理策略无法治愈发育曾受创伤的孩子。从这些孩子中看到的“调皮”或“具有挑战性的”行为通常是孩子生存策略以及人格和大脑发育受损的体现。令人惊奇的是，虽然在大多数情况下这些影响是可逆的，但前提是运用正确逻辑来传达所采用的策略。

做好这件事的重要性

照顾者关爱曾受过创伤的孩子的热情，因为他们想改变孩子们的生活，除此之外，有一些非常有说服力的数据，也是关于这种关爱的重要性的。

在这类关爱系统中，有一多半孩子存在慢性和受损的心理健康问题（布劳尔等人，2004；狄米耿等人，1999；麦肯等人，1996），而不在关爱系统中的孩子有此问题的比例只有10%（梅尔泽等人，2003）。在报纸上看到这些数据，令人难以置信，但我猜测这些数据对于照顾者来说并不是新闻。

然而，或许有新的消息会说，对这些受过创伤的孩子起最重要作用的人并不是治疗师、心理学家或者社会工作者（即使来自这些人的正常投入和支持至关重要），而是你，天天直接照看这些孩子的人。其他专业人员提供的大多数有价值的工作只能通过你来完成。简单地说，这是因为这些孩子的问题是由与最初照料者之间早期恶劣的关系引起的，因此，解决这些问题的唯一途径是在之后的童年生活中形成良好的养育关系。积极的养育关系至关重要，结合正确的思维定式和策略，在某种情况下，足以改变这些孩子的生活。

通常情况下，由于虐待和/或忽视而受到创伤的孩子也需要其他专业人员的帮助，尽管对于他们中的大多数来说，正确的治疗性养育技巧就足够了。无论其他任何人参与其中，照顾者都是至关重要的，并且他们仍然必须应付养育过程中出现的挑战。运用这些技巧有助于使照顾者成为孩子们治疗方案的组成部分。

难怪，查看受过创伤孩子的心理健康结果，会发现他们的情绪焦虑往往会转变成具有挑战性的行为。为了有效建立良好的关系并做一些能使受过创伤的孩子发生改变的事情，关键是把这种行为理解成创伤的表现而不是顽皮。

对这些孩子的歪曲时常使正确的信息无法顺畅地传达到照看他们的人那里，错误的策略能使事情变得更糟。比如，“淘气的步骤”，暂停的一种说法（强迫孩子不与他人交流；极端忽视“恶劣”行为的一种方式），是父母和照顾者被反复告知所使用的方法，并且已经变成普遍用法。然而，当孩子们的创伤成为解决其挑战性行为的焦点和观念时，孩子把养育和各类关系理解为忽视、无用和遗弃，理解为将他们送走并坚持认为他们被孤立，例如：复制并提醒他们有关过去被忽视的经历，这是不正确的。

很可能绝大多数照顾者会在某种程度上对孩子使用“暂停”，并且那是完全可以理解的。不仅要果断管理（孩子的）行为，而且要“被认为”（be seen）要果断管理（孩子的）行为，照顾者面临巨大的压力。暂停这样的策略在运用奖惩思维的时候也会起到很好的作用。然而，由于新的理解，现在又有其他听起来更科学的选择，供发育中曾受创伤的孩子使用。

表1.1描述了受过创伤的孩子们及其照顾者面临的典型困境。我与西蒙（Simon）和瑞秋（Rachel）所讨论的理论性主题对于帮助照顾者建立新的逻辑至关重要。有一些主题我将在本章偏后部分加以阐释。

表1.1 “她的行为根本没有逻辑可循！”
——建立一个新的逻辑

西蒙和瑞秋是两位长期的代养父母，他们来找我时，正在与他们长期代养的孩子萨拉（sarah）较劲，萨拉当时7岁。问题就是萨拉经常会情绪失控，其间她朝着她的父母大喊大叫、哭泣，并且会大打出手。她也会指责西蒙和瑞秋对她不公平。她爆发时没有明显的征兆。

西蒙解释了他们在管理萨拉行为时所遇到的困境，沮丧地说：“她的行为根本没有逻辑可循！”他们已经尝试了自己知道的所有办法：忽视萨拉，把她送到自己的房间里，与她争辩她所谓不公平对待的错误指责。

西蒙和瑞秋严重怀疑他们是否能继续照顾萨拉，因为他们感觉到她的行为没有反映出他们是（很好的）父母。

我花时间帮助这个家庭理解他们是正确的，萨拉的行为用“奖惩”逻辑来解释肯定是没有逻辑的，但事实上，一旦我们对正确逻辑有了良好的理解之后，萨拉的行为就是合乎情理的。

然后我们就花时间探索这个“新的逻辑”，并运用新逻辑来帮助西蒙和瑞秋观察萨拉的行为，就像透过“新的逻辑眼镜”。我们谈论了情感规则、经历对大脑和生理的影响、创伤记忆以及羞愧感。这种新逻辑帮助他们理解了萨拉的行为，并且因此帮助他们改变了应对萨拉爆发时的方式。这一过程使他们更加满意他们的养育以及与萨拉之间的关系。直到工作结束时，虽然他们仍然经历了非常压迫和具有挑战性的时光，但是这个世界上没有什么事能使他们放弃萨拉。

奖惩策略出什么问题了？“旧逻辑眼镜”

直到最近，神经科学研究得到运用，最好的科学可以告诉专业人员和照顾者怎样理解、如何处理发育中曾受创伤孩子的行为，这同样适用于所有孩子。心理学家称之为行为理论。

该理论来源于最常见的养育策略，包括赞扬、星图、暂停、忽视“恶劣”行为、基础训练、摒弃优越感（例如：电视机、电脑操控；表 1.2)。涉及奖励或惩罚孩子行为的任何策略都起源于行为理论。

这种思维方式是如此普遍，以至于它对大多数人来说，不运用奖惩思维来思考任何养育策略或技巧都变得十分困难。

表1.2　有关奖惩思维和办法的词汇

- 奖励；
- 惩罚；
- 不暂停；
- 忽视；
- 表扬；
- 约束；
- 后果；
- 基础训练；
- 界限。

养父母在遵循“旧逻辑”时（图1.1），经常会问为什么，他们一直在努力管理他们孩子的行为。通常照顾者似乎会从经验中得知这些方法对于发育中曾受创伤的孩子几乎不起作用。

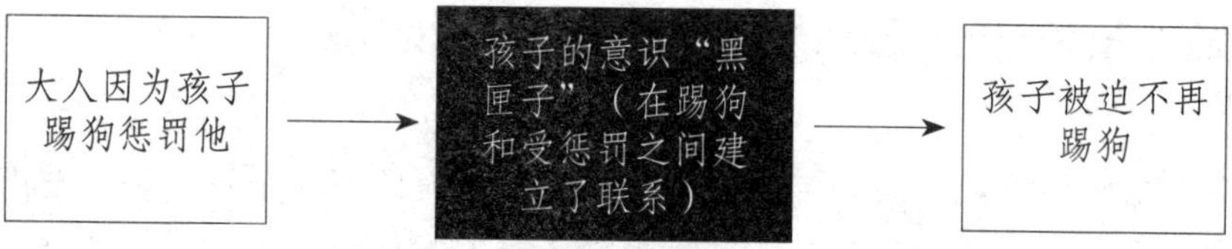

图1.1　旧逻辑/黑匣子理论/奖惩思维

奖惩思维假设这无关孩子意识“黑匣子”中的内容，结果总是一样的（图1.2）。然而，培养良好的依恋关系，将使孩子具备茁壮成长的能力，取决于同一位性情相投的成年人之间的情感纽带（例如：一位能读懂、解释并理解孩子内心世界的成年人）（图1.3）。

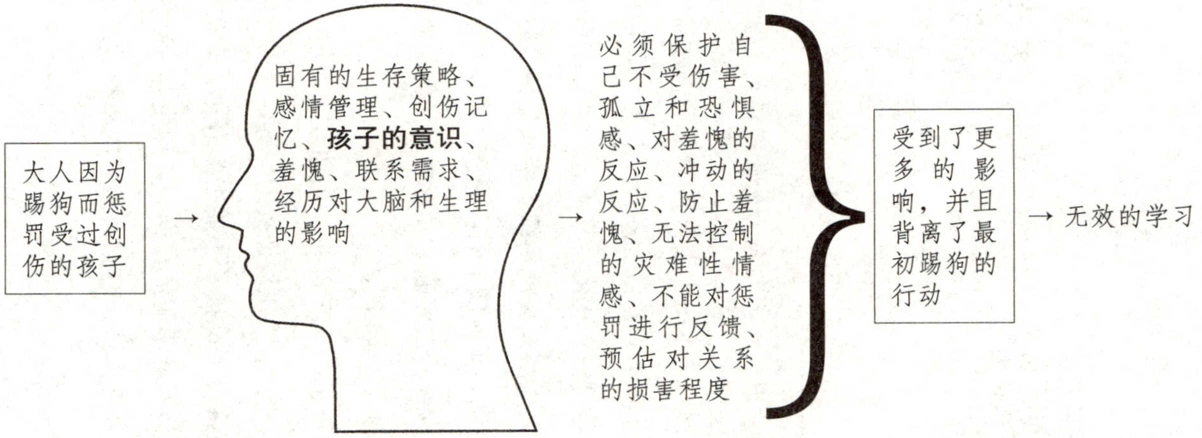

图1.2　对发育中曾受创伤孩子使用奖惩思维的影响

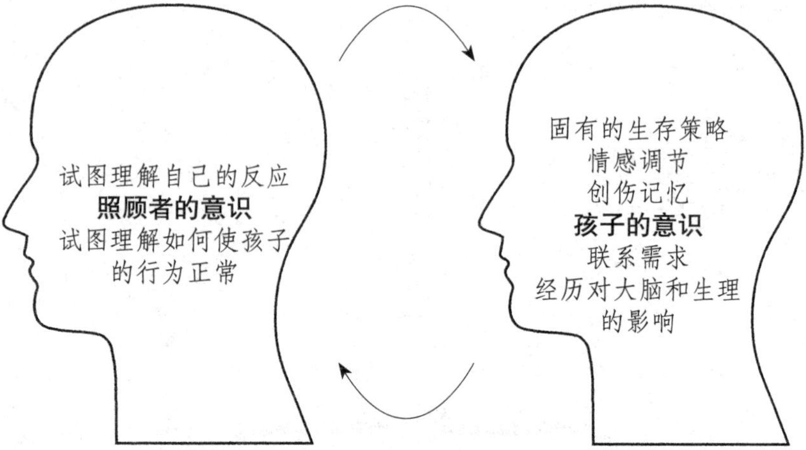

图1.3　移情行为的管理模式

正如此前讨论的，一个由于虐待和/或忽视而受过创伤的孩子，其大脑发育完全不同于没有这些经历的孩子。婴儿具备与其他人联系的基本需求。在大多数受过创伤的孩子中，这种需求由于主要照顾者的负面经历以及对婴儿大脑发育的后续影响而受到了阻碍。因此，他们"黑匣子"的内容有别于其他孩子的、充满了创伤的印象，以及迄今一直帮助他们获得生存经验的策略。发育中曾受创伤的孩子缺乏的技巧正是奖惩思想所依赖的（表1.3）。

假设受过创伤孩子的生存策略，当通过"旧逻辑眼镜"观察时，看起来像寻求关注、淘气、"挑战性行为"等，是对运用奖惩思维的回应，那么照顾者最终会训练孩子不要去学开车，以确保自己的安全。这就像怕孩子溺死而不让学游泳一样。任何生存行动的处理方法，不考虑生存必要性的处理方法，将损害孩子的精神健康，并且不可能成功改变孩子的行为。

表1.3 便于从奖惩策略中学习必备的能力和技巧

（引号中的想法更像无意识的想法，而不是孩子们有意识的想法。）

- 因果思维，例如："如果我收好我的校服，我就会在我的星图表上得到一颗星。"
- 控制冲动的能力，例如：一个孩子想去偷窃和实际所做之间的差距（花时间去思考）。
- 对于爱和安全的强烈信念（基于早期的经验）是恒定不变的、无条件的，并且永远不会消除，例如："即使我的照顾者/母亲现在生我的气了，但是这并不意味着她不爱我了。""虽然我的照顾者今晚不让我看电视，但这并不是因为我极其讨厌并且不值得去爱，而是因为我做了她不想让我做的事情。"
- 解决问题的能力，例如："我知道他现在生我的气了，但是我说声对不起，我们还是好朋友。"
- 调节自身压力/情感的能力，在巨大的愤怒和伤心中，孩子仍会有一个基本信念，即他们还会感觉到可以，例如："我能应付。"
- 羞愧的容忍度，例如："如果我的母亲/照顾者生我气了，我知道这不会永远持续下去。她从心底知道我是个好孩子。"

对奖惩思维的依赖也使得照顾者和其他专业人员把注意力集中到了行为上，并且忽略了受虐待和/或被忽视孩子给他们关系所带来的强大情感动力。因此，运用旧逻辑眼镜诱导照顾者对他们的情感冲动采取行动，这通常建立在孩子对他们关系隐性期望的基础之上，并且通常会诱导照顾者复述孩子过去的经历（表1.4）。

表1.4 诱导复述孩子们过去的关系

出生家庭的经历

成年人：缺乏互动 → 孩子：吵闹

出生家庭的父母很少与孩子互动，孩子形成了吵闹的策略（例如：大声喊叫、惹麻烦、攻击），为了引起注意，只有吵闹才不会被忽视。

代养/收养家庭的经历

孩子：吵闹 → 成年人：缺乏互动

孩子使用通过吵闹引起注意的策略（例如：大声喊叫、惹麻烦、攻击）。照顾者认为被控制因此放弃并且/或者照顾者遵循旧逻辑，使用“忽视‘不良’行为”的技巧。

结果是：孩子已经不知不觉地诱导照顾者忽视了他们，照顾者已经接受了这一诱导。

或者，在更极端的情况下：

出生家庭的经历

成年人：对孩子非常生气并且进行严厉惩罚，例如：大声喊叫、踢打。 → 孩子：我行我素直到面对气坏（的父母）。

出生家庭对孩子非常生气，孩子养成了最大限度的我行我素并且躲避父母的策略，直到面临挨揍或者咒骂。

代养/收养家庭的经历

孩子：我行我素直到面对气坏（的父母）。 → 成年人：对孩子非常生气并且进行严厉惩罚，例如：大声喊叫，踢打，从卧室里搬走所有东西，让孩子长时间待在外边。

孩子运用我行我素的策略，例如：把自己置于危险境地、打斗等，直到父母生气了。照顾者感到沮丧，最终因为缺乏对孩子更温和的应对技巧而生气，因此升级为“行为管理”，遵循旧逻辑，并使用越来越严厉的惩罚手段。

结论是：孩子不知不觉地诱导照顾者很严厉地对待他们，照顾者已经接受了这一诱导。

受过创伤的孩子无意识地诱导照顾者进入以下策略中：他们理解照顾者甚至是令人讨厌的。因此，他们在照顾者这里的行为是复制出生家庭的经历（表1.4）。第二章会对这个问题以及照顾者怎么做才能识别并杜绝这种诱导有更多的探讨。

为什么“旧逻辑眼镜如此普遍地被使用”？

通常照顾者会被暴露给许多不同领域的专业人员，这些人倡导对发育中曾受创伤的孩子使用奖惩策略。即使没有发生这种情况，大多数人都会从大众文化和团体如电视和学校的宣传中听说过他们。

因此，很难相信会有一种不同的方法比奖惩更加有效。以下部分将探讨为什么旧逻辑使用得如此广泛，并且看看为什么基于新理解之上的方法更适合发育中曾受创伤的孩子这一结论具有科学依据。

对于为什么奖惩策略仍然广泛使用于发育中曾受创伤的孩子这一问题，最简单的解释就是：虽然很多合适的方式具有科学依据，但科学相对来说还是新出现的事物。第一条具有说服力的神经科学证据开始出现于1990—2000年，事实上，2000年已经被称作“大脑的十年”。虽然这似乎是一段相当漫长的时间，显然从研究到实践需要花费一段很长的时间。这是典型的萧条期，在这种情况下，改变的过程尤其缓慢，因为奖惩思维如此普遍地使用于西方文化和宗教文化中。对孩子不再使用奖惩措施，这种想法也是具有挑战性的，因为奖惩思维满足了使用者的许多心理冲动，包括那些从我们成为父母这个过程中得来的经验，因此对于许多方法凭的是直觉。

所有人都天生具有正义和公正感，也会对生气和攻击产生最原始的、发展变化的反应。照料发育中曾受创伤的孩子意味着要同一个攻击、不公正和/或意想不到地对待他们的照顾者、可能不会道歉的孩子一起生活。当然，没有孩子会完全公正地对待成年人，他们对成年人的需求要比成年人对他们的需求多，但是一个因虐待和/或忽视而受创伤的孩子通常比其他孩子会按下更多的按钮。

因此，当一个孩子攻击他们的照顾者，通过不接受他们的养育之恩而暗中批评他们或者通过其他方式不公正地对待他们时，照顾者将会对孩子产生某种敌意，这是合乎逻辑的。如果对此类待遇无动于衷的话，一个人的自尊心会有问题。当然，我工作中遇到的孩子，我经历过他们情感的大幅波动（喜欢、讨厌、愤怒），并且与我们“所要”的感觉相反，通常这些感情是负面的。

在理解一个受过创伤的孩子并帮助照顾者不要用或许他们感到十分满意但无益的方式回应孩子时，了解并理解这些感情至关重要。奖惩思维能使照顾者做出回应，无须理解行为的根本原因，而需要正义感和回报。然而，这种反应使照顾者忽视了相关信息，即这种策略在防止另一种情况引发的行为时是否有效。

“新逻辑眼镜”背后的科学

从根本上来看，受过创伤的孩子已经错过了（较大程度和较小程度）相关过程，这些过程使孩子能够学会他们所需要的技能，便于从奖惩思维中学习（图1.2所列举的）。总的来说，这类孩子处理各类关系的能力不够成熟，放任关系中具有挑战性的方面，也就是说，他们可能会与父母或者照顾者发生争吵。当然，孩子在培养这些技能方面存在很大差异。有些人或许有某些足够好的经验，或许因此能够培养某些技能。

许多照顾者听说过“先天/后天的辩论”。几十年来，关于究竟我们的生理（先天）还是经验（后天）对于人格的形成最具影响力，一直都是争论的重要话题。最近，神经心理学研究发现我们的生理和经验并不是完全独立的两个领域。该争论的“先天”部分有两个领域尤其关系到早期受过创伤的孩子。

遗传学

关于早期经历如何影响遗传这种（似乎）纯生物学的东西，研究现在发现得越来越多了。科学家已经能够观察到基因，并且发现基因是如何表现的，即基因是否因经历的影响而发生变异。

关于我们的基因，思考我们的生物构成部分用钢笔书写（DNA），部分用铅笔书写十分有用，也就是说，我们的基因组成通过我们的经历如表现遗传学来选择和编写。铅笔书写意味着我们的基因可以加强、减弱甚至转换，取决于一个人出生时最适应的环境（米勒，2012）。

用播放CD来作比较，思考基因（来自我们的父母）和表现遗传学（基因改变方式取决于我们婴儿时的经历）之间的区别或许有用。基因信息就像CD本身，但是听CD的方法取决于所用CD播放器的设置。低音可以调高，声音可以来自左边或者右边的扬声器，并且CD可以静音。最终，CD（基因）提供了音乐最基本的部分，但是CD播放器的设置（表现遗传学）对于如何通过一种有序的、可预见的方式才能听到做出调整。

这意味着婴儿的经历，正如他们在胎儿阶段和幼儿期形成，实际上会发生变化，基因在他们一生中对他们都有用。一些基因信息甚至会传递给孩子的孩子们。因为这类研究属于全新领域，因此还不清楚基因表现是否会随着后期生活经历的不同而变回来。无论孩子的基因是否会随着经历的不同而变回来，可以肯定的是，孩子的感情世界可能会发生改变，乃至他们的大脑功能和表现的行为也会发生变化。

大脑发育

与其他哺乳动物相比，新生儿的有效出生要早得多。这使我们作为一个物种，骨盆进化得越来越小，便于我们能够用双腿站立，用双手从事生产活动。作为这种进化转变的结果，一个新生儿的大脑只有其定型后的25%（小黑猩猩是45%）（艾克尔斯，2005）。

这意味着婴儿大脑的大部分发育要在母体外一个大的、糟糕的世界来完成。对于我们的孩子来说，正如他们所了解的，世界越来越大并且越来越糟糕。

对于我们大多数孩子来说，甚至他们大脑最初的25%已经在子宫里发育好了，在远远超出理想的环境下定型了。许多婴儿甚至在出生前就接触到酒精、药物、暴力、过度惊恐、抑郁症和/或神经性药物。

为了大脑发育的健康、功能完善，婴儿需要精心照料和一个安全的环境（这将在本章“情感管理”和“创伤记忆”部分有更深入的阐述）。

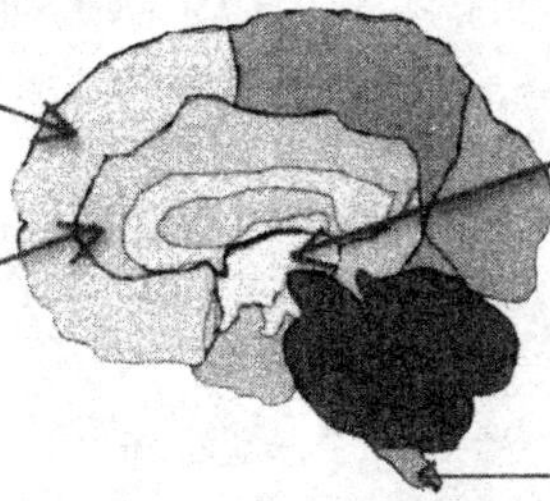

图1.4　大脑的相关部分

当婴儿没有遇到这些事情时，大脑最易受伤害的是前额叶皮质（我们前额的右后方）和边缘系统（大脑的第二层）（图1.4）。

前额叶皮质（有时指新哺乳类大脑），当我们拥有一个运转良好的大脑时，有助于我们思考未来、理解因果、产生移情并具备管理强大冲动和感情的能力。这些成熟的认知能力通常被称作“执行功能”（executive functions）。

边缘系统（有时指哺乳类大脑）是人们控制关于各类关系和情感安全等思想的地方。

令人惊讶的是，也有新的证据显示一个人大脑最基础部分，间脑和脑干（有时指爬虫类大脑）的发展会受到早期虐待和忽视的抑制。例如，吞咽这类最基本的能力在受过创伤孩子中可能会严重弱化（佩里，2011）。当孩子没有机会发展大脑的这些领域时，他们将与这些最基本的事情进行抗争。

大脑所有的这些领域都会受到压力荷尔蒙和皮质醇的影响。皮质醇是非常典型的影响神经系统的化学物质，每个人会随着压力而生产，并且在大多数情况下是无害的。然而，婴儿如果因为受虐待和/或被忽视而生产的量太大的话，其大脑发育会受到极大损害。

好消息是，如果这些问题能在3岁前得到解决，孩子的大脑可能会很快发生巨大改变。3岁之后，如果孩子缺失的东西得到补充，也是有可能产生很大变化的。然而，通常情况下，这个过程会十分缓慢，因为大脑中的这个点已经发育定型了。照顾者没有理由对他们的大龄孩子丧失信心，如果照顾者运用正确的策略，孩子的生活还是完全有可能发生本质变化的。

开始了解所有这类信息时，也会出现这种观念，即许多受过创伤的孩子，他们的情感发展就会停留在婴儿或幼儿阶段。为了超越这些阶段进行发展，他们不得不开辟新的神经通路。孩子与其照顾者建立友爱关系，正如他们使用合适的技巧，二者的完美结合有助于受过创伤的孩子。

情感管理

孩子出生时感情是混乱的，证据就是仔细思考婴儿做了什么以及他们如何使大多数成年人感知他们的（你可以试试“婴儿哭泣”练习）（第三章表3.2）。他们像女妖一样哭泣，由于我们具备对世界的成熟理解和应对我们情感的能力，我们甚至不会两次想到此类事情。婴儿还没有成年人对付外部和内心世界的成熟办法。

人们如何培养这种保持明智的技巧（图1.5）？这是在其他人处理感情的基本经验之后形成的，首先是在婴儿时期。孩子内化了他们照顾者的安慰和情感应对技巧。直到他们能这么做时，他们才借用这些技巧，事实上，一个合拍的照顾者其右边的额叶有点像计算机的外接硬盘。这可以使孩子经历情感强度的所有阶段，他们的感情调节器得到了充分发展，并且从1到10能完全应对。

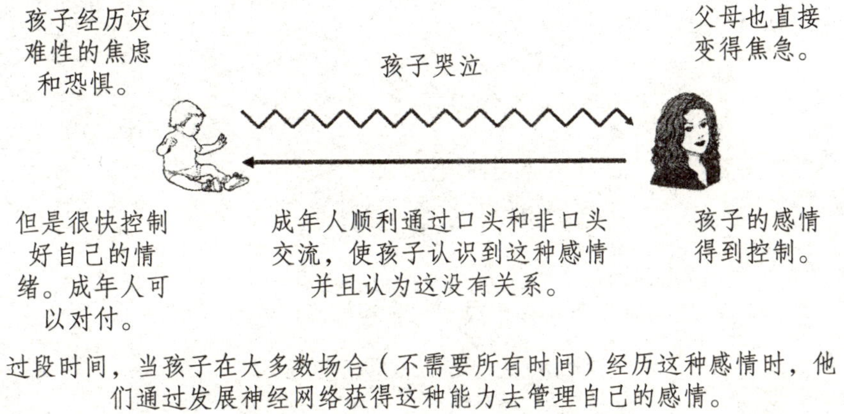

图1.5　有效的感情管理

在婴儿中，看到他们形成自己的感情管理策略是很典型的，因为他们开始慢慢从他们的主要照顾者那里独立出来（表1.5）。

表1.5　典型的感情管理策略

- 吮拇指；
- 吮吸一个仿制品/奶嘴；
- 抓住柔软的毯子；
- 玩自己的头发；
- 抚摸自己的耳朵。

因虐待和/或忽视而受到创伤的孩子，大多数缺乏管理自己情绪的能力，因此他们的感情仍然是混乱的和压倒性的，情绪总是处在婴儿时期。

不能形成感情管理技巧的孩子能够经受一定限度的情绪强度，也就是说，他们的感情管理器是受限制的，或许他们达到7到10（图1.6）。

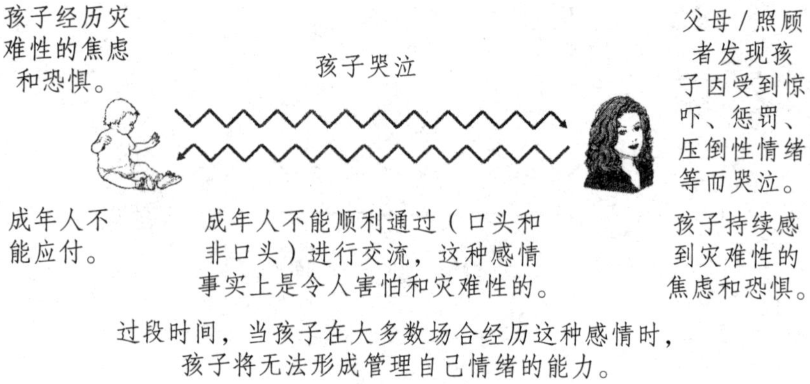

图1.6　无效的感情管理

对于发育中曾受创伤的孩子来说，感情管理是特别困难的事，是一种有时每个人都会丧失的技巧。表1.6展示了我生活中的一次偶然事件和别人移情帮我走出困境的方式。

表1.6　感情管理异常和移情

几年前，我开完一星期的会返回家中。我是足够幸运的，在我返回的当天可以提到我的新车。我计划19点前回到家中，以便与送车人碰面。不幸的是，由于火车工人罢工，火车无法将我载到我家的那一站，在11月寒冷的雨中，我要步行2.5英里路，我迟到了，我不是一个爱迟到的人。天气也很冷，我也不是一个能受冻的人。

我最终到家了，并且在进屋前车顺利地运到了。暖气已经关了一星期，由于这个原因和一些雄心勃勃的装修计划，家成了一个最不适合逗留的地方。

我坐在寒冷的家里，被现实打击着，第二天被各种约会占得满满当当，虽然我有临时保险，但我没有任何汽车道路税，也没有临时保单。

我给临时保险公司打电话，并且解释了这种情况。到这个阶段，如果我竭力说自己是合理的，我就在撒谎。我倍感压力、精疲力尽、饥饿、寒冷并且坦诚、爱抱怨。

当我与保险公司工作人员讲话时，我是礼貌的，但还是不够。她漫不经心地解释说，没关系，当天晚些时候她可以做，我不得不联系我的长期保险公司，看看他们是否能做些什么。

我诚心诚意地给我的长期保险公司打电话，这时我比与此前的公司打电话时更焦急、紧张和爱抱怨。实事求是地说，我是有点厉声说话。与我说话的女人反过来也粗鲁，并且不愿意帮我。她说没问题，她可以做，并且我最初就是正确的，临时保险公司应该把我的保单发送给我。

这时我感到恐慌，并且大发雷霆。我给最初的公司打电话，并且没有给电话那头的人问候的机会，我大声责骂。我解释了我的情况，所有的电话以及我要得到一张保单是多么重要。我最后筋疲力尽，有一段简短的沉默，这时一个安静的、轻柔的声音说："上帝保佑你，你已经经历了一场绝对的噩梦，多么可怕的经历，你一定很紧张。我相信我能很快为你整理出来。"我崩溃了，这个小伙子，不知道我是谁或者关于我的任何事，受到我的极端咆哮，没有对我发脾气，反过来，理解我感到害怕并且希望得到帮助。

我与之打电话的前两个公司，其本能的、完全可理解的、生气的、爽快的、轻蔑的反应使我很生气，并且使我更无力解决我亟须解决的问题。面对不合理、不公平的待遇，最后一家公司的小小移情使我立即平静了下来，给他发信息说我需要他的帮助。

下面几章将描述的关键策略之一就是"移情评论"（empathic commentary）。这个策略，将在第三章中介绍，在管理孩子的情绪时十分有用。厕所训练比较（表1.7）可能有助于理解感情管理以及为什么

移情评论如此重要。

表1.7 理解移情评论：入厕训练比较

思考训练一个幼童如厕的过程。

在这个过程的最初阶段，孩子的身体会有一种感觉，可能使他们扭动，也可能抓住他们自己不放。他们没有概念，这种不舒服的感觉是他们需要排便的一种暗示。

与如厕训练同时，你因为成年人有义务进行这种训练，会注意到孩子的行为，读懂了孩子身体的反应，通过移情，然后把孩子的感觉和这种感觉意味着什么联系起来，例如，“好了，我认为你需要撒尿”，然后把孩子带到厕所或者拿给他便桶。

这么做时，你一直在体会孩子的内心世界，用语言表达抽象的、主观的经历，并向孩子提供解决内在问题的办法。

在许多不同的办法中，这是一个多么细心和移情的父母帮助孩子理解他们内心世界包括他们情感的办法。例如：父母或许从孩子的身体语言中读懂了他们正在经历某些事情，或许孩子的注意力越过父母的肩膀集中在别处。父母解释孩子内心正经历着什么，例如：迷恋电脑灯，父母向孩子传达他们的经历十分有意义并且十分重要。如成年人凝视电脑灯，并且移动孩子，以便他们能更好地看到灯光，成年人愉快地笑着说一些话，如：“哇！难道不是它在闪光嘛！”

过段时间，这种重复的过程，成年人作为一面镜子提供给孩子的意识，将教会婴儿他们内心世界意味着什么，如何感觉以及他们如何与其他人交流这种感觉。这正是我们运用移情的现身说法，力图为发育中曾受创伤的孩子复制的过程。

没有从主要照顾者那里获得管理感情并理解自己内心世界的孩子经常看起来好像游离于他们的内心状态之外。正是这些孩子，你很难告知他们热或者冷，抑或他们饥或者饱。

这类孩子也会给人留下的印象是他们的感情表达有些“假”。他们已经错过了自己与主要照顾者之间情感联系的经历，也就是说，他们的情感要求已经下降了，这导致他们的情感与合理性认识的内在分离。

受过创伤的孩子面临情感困境的双重灾难。不仅他们管理情感的能力受到过损害，而且他们还有大量难以应对的情感，远远多于大多数孩子，实际上远远多于大多数人。

这不足为奇，发育中曾受创伤的孩子在应对受责备的关系问题和其他奖惩策略时会遇到更大困难。运用这类策略的前提是假设孩子们能应付他们最关键关系中的不同意、生气、激动等情感影响。然而，对于我们的大多数孩子来说，这种关键关系也是他们最易受到伤害的一种。正是由于这个原因，照顾者管理一个受过创伤孩子的行为时，所采取的方式要比我们信赖的奖惩思维重要得多。

在他们与其照顾者的关系中，一个受过创伤的孩子关于争论、对抗和冲突的经历是固有的压力。对于他们来说，用成年人认为合适的方式去处理这个问题，这需要他们转变成一个更强有力的人。这将唤起他们关于过去与早期照顾者这类互动经历的朦胧而又空洞的记忆。因此，这也会提供一个绝好的机会，使孩子们对于各类关系中的压力经历一个移情的理解，在很长的一段时间内，去经历此类关系中可供选择的感情。

期待一个受过创伤的孩子自己控制情绪，在大多数情况下是不现实的。这相当于期待一个在法国长大的孩子，把他带到英国时说英语。如果一个人拥有这两种技能时会感到是本能，如果一个人不拥有这两种技能时，会感到疏远和孤立。

创伤记忆

关于婴幼儿通过某种方式“记住”他们的经历，人们存在很大的误解。例如：处在家庭暴力环境中的孩子，人们经常会说：“至少他们不够大，不足以了解一切。”

这是一个可以理解的想法，但是这是基于对人类记忆误解之上的，一旦照顾得很好的婴儿其内心世界变得可怕、混乱，那么这个想法简直不起作用。

防止孩子受到创伤事件的伤害，与此恰恰相反，婴儿吸收这些经验，不是作为事件，而是作为他们现实生活的一部分，并且利用这些经验来形成他们的处事方式。婴儿既没有能力说，也没有能力用系统的方式思考所用的词汇。他们的记忆通过一种非口语的、程序化的方式来贮存。把婴儿期视作学会如何“建立关系”的一段时间以及事实上是如何“做人”的一段时间，就像驾驶课是学会如何开车的一段时间一样。如何“做人”不是大多数人能够谈论或者说甚至有意识地“知道”的事，正如他们不能准确、清晰地谈论在繁忙而又结冰的路上必须躲避一只完全自信的猫时，细微举动、反应、思想、情感、认知、洞察力、声音和动机的复杂顺序和模式。甚至成年人，有能力使用语言组织其经历的人，在极端压力下形成的记忆在某种程度上也不能贮存，不能口头表达出来（布鲁因、达格利什、约瑟夫，1996）。

如果创伤记忆的这个理解适用于一个受过创伤的孩子，那么对于他们来说，他们的行为为什么难以理解并难以解释他们过去的创伤就开始变得清晰了。他们所有受虐待和/或被忽视的经历“将”（will）已经被记住，但是没有必要通过一种他们能够用语言获取的方式来记住。试想想，当你闻到一种香味或者听到一首歌曲，它们把你带回到你并不知道是否有过的回忆中，或者是否经历过的感情中。例如，第二天，我突然捕捉到一丁点儿的东西，使我想起了那正是帕尼尼贴纸的味道（因为没有人知道帕尼尼贴纸，这些我童年时收集起来的贴纸当时在英国非常流行）。这使我猛然回到了希望得到“闪闪发光的”（烫金凹凸贴）以及组装贴纸的乱忙中。现在那种记忆的力量不足以让我描述清楚它，然而从感情上来说这是非常振奋人心的。

新逻辑的这个方面应该能够解释为什么情感在没有激发的情况下能够爆发，为什么奖惩思维无法帮助照顾者去理解他们。照顾者可以试着想象一个受过创伤、程序化的记忆闪回已经迅速进入孩子的意识中。那个无形的记忆使孩子做出一次爆炸性的、攻击性的爆发。这种行为完全可以视作记忆的一次反应，虽然这无法使置身事外的成年人理解。另外，想象一下惩罚或忽视这种行为同时不去注意引起爆发的创伤记忆（正如我们会使用奖惩思维去想象）。

运用新逻辑，惩罚一个因为创伤记忆或者生存本能而引起情感爆发的孩子，如同惩罚一个试图在深于他们身高的冰冷水中游泳的孩子一样。新逻辑将帮助照顾者扔给孩子一件救生衣（响应式策略）并且事后告诉孩子水的危险性（预防式策略）。

羞愧

大多数孩子没有经历过被忽视或者受虐待（值得庆幸），因此他们能够很好地回应基于奖罚思维的策略。这些技巧在孩子身上起作用，因为他们理解，他们关心最多的这个人正在消极地思考并感受他们，虽然只是瞬间。这在孩子心里引起了一点点羞愧，并且将来孩子会避免这种引起羞愧的行为，以避免这种感觉。

虐待和忽视孩子的结果是使孩子过度羞愧。对于婴幼儿来说，虐待和忽视就是羞愧，因为他们不能理解社会和其他人的想法，他们只是他们自己，是“以自我为中心的”。所以，当他们无意识地努力去弄明白养育的意思时，接受的唯一的人就是他们自己，这个人能够控制并且负责任。因此，婴儿只能把他们的经历解释为自己的错误，他们应该得到这种待遇，并且因此对于自己受到此类待遇感到羞愧。

孩子对于其他人的想法以及他们自己的不同没有任何概念。如果他们有概念，或许能够理解他们接受的这种待遇其责任在于其他人。相反，婴儿把这种虐待性的待遇简单地视作有助于他们去理解这个世界的另一种经历来消化了。这种虐待性的待遇是关于他们价值的反馈。如果他们认为他们应该得到来自他人的否定、消极的评价和/或惩罚，每个人，包括孩子，都会经历羞愧。

那么这些想法适用于受过创伤的孩子。当基于奖罚思维的策略得到应用时，它会引起一点点的羞愧。受过创伤的孩子对于羞愧高度敏感（因为他们以前得到的过多）。对于任何人来说，当他们感到羞愧时会很容易地做出防御性的反应，但是对于有过太多羞愧的孩子来说，当他们面对甚至一点点的羞愧时都不可能进行这样或那样的防御性反应（参照表1.8）。

表1.8　孩子避免自己羞愧的标志

解决一个孩子是否防卫以避免羞愧的问题，考虑是否会发生下述情况十分有用：

- 孩子说“好，我反正不想要游戏机！”当你作为惩罚已经把游戏机拿走时；
- 爆炸性爆发；
- 静默/“滔滔不绝”；
- 实践他们“不体面”尊严；

- 沉迷于变“坏”；
- “你不爱我！”
- “你总是挑剔我！”
- “全是我的错！”
- “我什么也没做！”（即使他们知道你看到他们撕碎了你所有的生日卡片）

“但是如果我没有设置界线，难道他不会认为他会逃脱处罚？”

这是一个当我们使用“移情行为管理”（empathic behaviour management）时照顾者和我经常争论的问题。这是一个棘手的问题，并且是一个难以顺利解决的问题。

重要的是要说明运用移情行为管理进行养育不意味着任其发展或者不负责任。所有的孩子，甚至包括发育中曾受创伤的孩子，在特殊情况下，都需要他们的照顾者从容自信、温暖、果敢，并且能够理解并执行对孩子来说是最好的行为。通常当照顾者或者父母不冷静并且控制不住情绪时，孩子将会感到不安全、焦虑并且需要控制自己。

关键是照顾者要记住他们正在处理不同发展层面孩子的各种需求，例如他们的身体、社会、情感、性、关系和智力需求可能处于完全不同的阶段。受过创伤的孩子其情感和关系通常处在婴儿阶段。为了让照顾者理解他们应该使用哪种逻辑（例如：奖惩思维或者移情行为管理），在任何时候思考他们正在面对的孩子处在哪个发展阶段，这是十分有益的。

识别受过创伤的孩子，一个最关键的阶段就是他们的“婴儿模式”，例如：当他们已经退回到这个阶段时，他们错失了他们情感和关系发展的最关键因素。

如果孩子在情感上感到不知所措、通过极端的方式反应、逻辑手段也不尽如人意、对他们自己或者其他人进行语言或者身体的攻击、用一种奇怪的方式应对时，他们很可能处在“婴儿模式”中。

如果他们比较冷静并且能够（合理地）流利地对其照顾者说为什么他们，例如，不应该洗漱，尽管他们仍然可能难过、喊叫和/或哭泣，那么他们更可能处在“大孩子模式”中。在后者的情况下，奖惩思维可能正好起作用。在某些情况下，虽然，运用这些策略可能导致他们回归到“婴儿模式”中。一旦发生这种情况，这可以通过移情行为管理策略来解决。如果照顾者对于孩子的情感层次感到质疑，那么移情行为管理策略正好可以使用。

思考新旧逻辑策略不同用法的另一种方式就是非常谨慎地区分他们的使用环境。

一句耳熟能详的口头禅就是，一些父母和照顾者在运用旧逻辑/奖惩思维时使用，“我喜欢你但不喜欢你的行为”。然而，在大多数时候，这些话可能是事实，但弦外之音是，非语言地，“不”（not）是多么喜欢这个孩子，而是大人对孩子“和”（and）他们的行为多么生气。因此，这些话和行动与所说的话完全相反。移情行为管理的一个关键部分就是学习如何运用非语言交流的重要性，以及比照顾者可能说出的话更强大的东西。

如果照顾者想把两件事分开（第一，“我喜欢你”；第二，“我不喜欢你的行为”），并且他们真的表达两件事，那么两件事必须被同时转达。对于照顾者来说，重要的是诚实地表示，在这些情况下，他们真的（do，表示强调）喜欢孩子。这将在后边章节中针对特殊行为进行探讨，但是，总之，移情是关键。当然，当非常艰难地对孩子持肯定态度时，对于照顾者来说在这种情况下去发现自己是非常能理解的。重要的是，当照顾者努力恢复他们的移情时，对他们的感情应该诚实，例如，尽可能平静地说："我当时感到有点儿生气和担心，因为你伤害了你弟弟，但是会解决这个问题，并且我们可以拥抱一下。"

下面的章节重点关注源自创伤的各种行为，而不是适龄的界限测试。

简而地说

如果对于孩子所具备处理奖惩思维的能力层次表示怀疑，最安全的默认立场就是想一想假如孩子处于最小的年龄阶段及其相应的反应，也就是说，孩子的个性在你之前已经在孩子的身体中，你将如何反应？

对婴儿友好的行为策略也会对发育中曾受创伤的孩子表示友好。因此，照顾者应该向孩子表达爱意，坚持有节奏的计划，规划宝贵的时间，微笑，大笑，玩耍，和孩子一起玩。

你已经知道所有答案！

照顾者应该问他们自己，如果你的婴儿踢打并哭喊，你会对着孩子吼叫、拿走孩子的摇铃、把孩子独自留下，并期望没有你的帮助孩子会安静下来吗？

比较有可能，足够快乐、健康的大人会对婴儿的哭闹有点着急。一旦已经估计到是身体原因引起的，如饥饿、需要换尿布、疾病等，最有可能采取的措施就是试着安慰孩子。大人会轻柔地对孩子说话，即使是面对孩子的哭喊。他们会把孩子举起来、摇晃孩子、亲吻孩子的皮肤，并且用一种移情的面部表情，向婴儿证明成年人理解他们的窘迫，并且想理解他们为什么窘迫。

成年人出于本能对于婴儿所做的这一切，对于发育中曾受创伤的孩子来说非常好。然而，当你看着面前的15岁男孩时，他的脚比你的大、下巴上已经长了胡须，透过“旧逻辑眼镜”，我们的脸就会变得暂停、愤怒，并且拿走了游戏机。

当通过新逻辑眼镜仔细并且平静地看待受过创伤的孩子时，突然旧逻辑不再起作用了（参照表1.9）。

表1.9　奖惩思维策略对移情行为管理策略

- 避免“旧逻辑”策略：奖惩思维
- 暂停；
- 忽略“不良”行为；
- 表扬；
- 喊叫；
- 排斥；
- 你为什么要做？

用“新逻辑”策略：移情行为管理

- 分享孩子的喜怒哀乐等；
- 平静地反映情感；
- 读懂孩子的动机；
- 弄懂挑战性行为的意思；
- 情感、移情评论；
- 主动修复关系（争吵之后）。

简短的答案

因此，回到本章的主题，“我已经尝试了所有办法！为什么不起作用？”简短的答案就是照顾者总是非常努力地帮助孩子，但是通常采用的逻辑真的不适合受过创伤的孩子。就算现在，允许正确逻辑和最有效策略发展的科学还依然不存在。

什么是移情行为管理？

以下章节将使照顾者了解一些最普遍的问题，这是一些代养人和养父母寻求帮助如何通过“新逻辑”眼镜看待的问题。我的希望是这本书将帮助照顾者重新重视他们对婴儿的那种本能，并且用这种本能来管理他们孩子的情绪以及行为。

每一章节将关注照顾者通常感到棘手的一个问题，所有章节提供一个三阶段进程，运用移情行为管理模式（参照表1.3）来处理这些问题。

第一阶段：仔细探讨问题，举出例子和细节，“旧逻辑”告诉我们什么并且运用奖惩思维的典型策略会是什么。

第二阶段：运用移情行为管理模式（表1.3）对问题的新科学理解将被应用于问题行为。这将有助于理解问题的本质，为什么发生、为什么照顾者及其孩子会产生这些情绪、为什么照顾者可能已经尝试的策略或许不起作用。

第三阶段：移情行为管理策略将出现在移情行为管理模式的不同因素中，包括对照顾者及其孩子响应式和预防式的移情行为管理。

下一章节重点关注受过创伤的孩子从过去经历中恢复的最大武器——他们的照顾者。该章节将探讨照顾者如何保持移情以及为什么对于照顾者来说照顾好自己比只是自我放纵更重要。

表1.10　当运用移情行为管理时需要记住的事情

- 你孩子的行为是他们感受的一种表达；
- 奖惩思维通常阻碍了照顾者和其他专业人员寻求理解和移情；
- 发育中曾受创伤的孩子不可能告诉他们的照顾者他们是如何感受的，或者如何了解他们；
- 规划发育中曾受创伤孩子的行为如何更好，它如何成为一个实用的和/或可用的策略，这是可能的，虽然通常要付出大量努力；
- 为了管理发育中曾受创伤孩子的行为，关键是我们理解他们是如何感受的；
- 理解一种行为的情感原因通常会转变无谓地惩罚这种行为；
- 为了落实理解和移情，照顾者应该具备家长应有的温暖、冷静的自信；
- 对于照顾者来说，照顾好自己不应该被视作自我放纵。孩子需要照顾者有一个良好的情感状态，以便于用这种关系来帮助他们从过去的经历中恢复过来；
- 照顾者与孩子的非语言沟通比语言沟通更重要，例如：你说的话不如你说话的方式重要；
- 照顾者应该警惕一些征兆，他们正在接受孩子复制早期关系的暗示（参照第二章）；
- 当运用移情行为管理时，照顾者通常会看到即时效果，但是他们不会必然坚持。运用这类策略，通常需要花费数年时间才能看到可持续的效果。

第二章

照顾者情感的重要性

Why can't My child behave

在受过创伤的孩子中，创伤的体现常常意味着对他们感受真正的移情是非常具有挑战性的。孩子，事实上所有人，只倾向于以他们期待移情时引起移情的方式去拥有。

“我们为什么一直在谈论我？只告诉我我的孩子该做什么！”

发育中曾受创伤的孩子其关键需求之一是这些孩子的个性和大脑不能自主并很好地应付各类事情。受过创伤的孩子在另一个人帮助下可以做得好一些，最重要的是另一个人具备孩子们意识中的情感状态，正如婴儿那样。

与父母的关系对于受过创伤的孩子来说是关键，重要的是在他们受过创伤孩子的感情得到处理之前，采取严肃的态度去理解并激发照顾者的各类感情。顺便说一下，这也适用于任何阅读本书的专业人员。

移情是关键

首先，确信我们谈论移情时所指的是同一件事十分有益。在本书中，移情并不是必然意味着对受过创伤孩子的歉疚感，如果存在移情联系时，这或许会发生。出于移情行为管理的目的，移情是理解另一人所拥有的感情，从而理解他们的动机、决策、喜好和行为。为了真正理解另一个人的感情，而不是在他们的言谈举止基础上（正如一台计算机能做的那么多）做合理的猜测，我们必须对他们正在感受的东西有一点感受。回看第一章表1.4和表1.5或许有助于思考这个问题。

当专注于进化和神经科学的相关性时，移情就像两个大脑的神奇联结，触动婴儿的神经联结和成年人的神经键。想想最近一次你真正关心的某个人与你坐在一起并且哭泣，或者告诉你一些激动人心的消息。这种时刻你分享他们的情感并感受到一些他们所感受的。那个过程就是移情：两个大脑简单地联结在一起，分享相同的感情，甚至相同的神经化学物质。

移情，从这个意义上来讲，是人们在看一部催人泪下的电影时哭泣或者看一部恐怖电影时害怕的原因。这是我们大脑把情感部分借给那些人物的一种意愿，那些人物让我们相信他们的处境。

当然，每个人因为受过创伤的孩子感受到移情，难道他们没有吗？坦率地讲，答案通常是否定。当移情起作用的方式得到理解，以及婴儿关系中的创伤不仅影响到那些早期关系中的移情，而且也影响后来关系中的移情，对这类孩子缺乏移情不是不普遍，甚至没有一丁点令人吃惊的。

在受过创伤的孩子中，创伤的体现常常意味着对他们感受真正的移情是非常具有挑战性的。孩子，事实上所有人，只倾向于以他们期待移情时引起移情的方式去拥有。

对发育中曾受创伤的孩子保持移情是一个巨大的挑战。孩子们带着他们所有恐怖的故事、想法和经历来到照顾者身边。然而，因为这些事情是在孤独的童年，在他们的经历没有得到评论或者比较时，孩子们到来后不会告诉他们经历的粗暴而可怕的故事，而是作为他们经历的一种体现。由虐待和忽视而受创伤的孩子是一本本没有打开的书，我们不得不了解并分析他们经历的故事。做到这一点的唯一可能就在于找到方法，拒绝孩子熟练扮演他们故事中负面人物的邀请。为了对这种做法保持足够的注意力、精力和同情心，养父母必须保持清醒，并找到方法以便紧紧控制住他们的移情。

因此，已经发现自己对他们受过创伤的孩子缺乏移情的照顾者当然不应该以此评判自己，这是关照孩子创伤的一种自然后果。然而，当照顾者想介绍一个新人物进入他们孩子的故事中，并且不是替代缺失的“妈妈”或“爸爸”角色时，有一些方法他们可以用来建立他们的移情储备。整个章节（事实上整本书）我们都将处理为什么保持移情这么困难、为什么负面感情如此难以了解、低层次的移情其后果是什么、对受过创伤的孩子形成并保持移情的策略是什么等问题。

为什么移情如此困难

表2.1　为什么对因为虐待受过创伤的孩子保持移情异常困难

- 获得一个孩子生活的细节并因此知道要移情什么，这是非常困难的；
- 受过创伤的孩子在某些方面的行为对各类关系构成了挑战。虽然他们可能在过去受虐待的日子里有良好的策略，在他们的新生活中可能有用；
- 受过创伤孩子的行为促使我们去评价并处罚而不是产生移情；
- 揭露有关创伤经历的信息逐渐用尽，并且能够导致同情疲劳；
- 照顾者的关系期待可能与他们所照顾孩子的关系期待有所不同；
- 找到一个可以告诉并且照顾者能够诚实与之对话的人，这个人可以理解照顾受过创伤的孩子时固有的困难心理过程，这是非常具有挑战性的；
- 专业人员倾向于通过奖惩思维来帮助照顾者及其孩子，奖惩思维会对移情产生不良影响。

我怎么知道我要对什么移情?

在对受过创伤的孩子保持移情的一个基本因素就是详细了解他们的历史。照顾者接受孩子并照顾他们，同时对孩子的经历只了解一丁点，听这些他们的故事一贯都是令人沮丧的。非常常见，这将持续整个照顾期，有时持续许多年。照顾者自行处理他们从专业会面那里获取的信息和他们选择去问的问题。当他们对于这种行为为什么会发生并且应该如何给孩子移情不知所措时，照顾者对于孩子“困难的”行为难以保持移情，这不足为奇。

由于对一种特别的挑战性行为为什么会发生缺乏很好的理解，自然会默认这种信念，即受过创伤的孩子单单需要通过奖惩思维来指导和设置界限，这种思维适用于所有孩子。

许多照顾者对他们孩子的生活故事没有详细的了解（对于一些孩子来说，似乎没有一个成年人详细知道他们的故事），但是，我想让所有的照顾者，尽最大的可能，去问、软磨硬泡、恳求并且坚持得到孩子尽可能详细的故事。然后，花费时间去听、读懂并且理解孩子的故事十分重要。正是这些故事将帮助所有与受过创伤的孩子一起工作和生活的人，不仅去保持移情，而且形成为新的逻辑，这些新逻辑可以为养育策略奠定基础（参照表2.2）。

表2.2 获得历史信息的重要性

第一部分

这是一个繁忙的周末的傍晚。乔斯林在喂家里的猫、宾果狗，在做其他家务之前还要为两个孩子准备晚餐。最近几天她离开家去看望了一位亲戚，并且及时返回学校去接孩子。她和孩子们在家已经一个小时，并且孩子们一直在玩游戏机，其间要求乔斯林解决一点小纠纷，关于他们应该玩什么游戏的问题，坚持换下他们的制服，询问他们是否吃点心并且晚餐吃什么。

当她听到孩子们争论了几分钟、升级成对骂时，乔斯林从冰箱里拿了一些碎牛肉，并且开始切蔬菜。乔斯林穿过客厅去解决纠纷。当她返回厨房时，看到宾果狗在厨房里正起劲地吃着碎肉。乔斯林知道宾果像一个贪吃的男孩，因此她大叫它的名字并且冲过去，拍双手吓唬它离开食物。乔斯林把宾果赶出了后门，然后把猫洞堵住，防止它再钻进来。几分钟之后，宾果返回到后门，抓门想进来。“去，宾果，你待在那里；你要学会远离我们的食物！”

你认为乔斯林会如何处理宾果的这种情况？你认为宾果会从中学会什么？（在你继续往下读之前试着去回答。）

第二部分

当乔斯林的伴侣山姆那晚回家，在客厅里问候过乔斯林和孩子们之后，他走进厨房喝茶。乔斯林从客厅里听到，“嗨，宾果，你在那里！我很着急！你究竟做了什么待在外边！”山姆打开后门，把宾果放了进来，并且给了它一大碗食物。当乔斯林来到厨房时，她看到宾果正狼吞虎咽地吃它的食物，就问发生了什么。山姆解释说宾果近两天正在接受惩罚。

你认为宾果外出的信息和它从被关在门外学到的有什么差别？

你认为如果她一开始就已经知道这个额外的信息并且如果她知道为什么，那么乔斯林的做法会有什么不同？

在乔斯林不允许宾果吃家里晚餐的同时，她用一种完全可理解的方式理解宾果的行为。理解的结果就是，她对宾果必然的移情，乔斯林不再希望惩罚它，而且想提供一个防止宾果吃家里食物的环境，并且理解这些是意外情况。

正如受过创伤的孩子，其许多挑战性的行为都是他们总是需要应对的被误导了的生存策略，似乎都是由“意外”情况引起的，正如宾果的轻率之举。

可能很容易去假设，了解没有受过身体或性虐待孩子的详细故事不是那么关键，但是这对于被忽视的孩子更加重要。正如第一章中提到的，由于长期缺乏足够好的照料，婴儿的大脑会受到负面影响。事实上，忽视对婴儿的大脑来说是最有害的做法。然而，由于他们经历的性质，关于这些孩子是谁我们知道得最少。

被忽视的孩子最不可能有完整的医疗记录，并且父母也不太可能提供孩子全面的生活记录，因此学校通常是得到这些孩子信息的最好来源。在缺乏有关被忽视孩子的详细信息时，明智的做法就是推断他们因为忽视而受到发育创伤，并且需要量身定制养育方式。充分的背景信息和历史信息的重要性在激发移情中的作用不能高估，试试表2.3中的练习，理解如何去做。

表2.3　移情驱使行动动机

花一些时间去思考并比较下述两个情景：

第一情景

当你在电视上看新闻时，你看到一个故事是关于独自生活并且与社会脱节的老年人数量在增加。节目制作者们运用的镜头是一位老年妇女在家里泡了一杯茶，并且他们引用了有关人数增加的统计。

第二情景

你误收了一封信件，应该是你的邻居琼的，琼80岁并且独自生活。当你走向琼的前门去送还信件时，你透过客厅的窗户看到了琼。她正坐在高背的花扶手椅上。她似乎双手抱头。当你走到前门跟前时，你听到琼微弱低沉的哭泣声。

这两个情景有什么情感差别?

哪个情景更能触动你的移情?

哪个情景最有可能改变你与老年人被社会孤立有关的行为?

只有当我们真正感受到别人伤心的情感力量时，才会觉得有必要采取措施。正如我希望你在做这个简短的练习时已经经历到，积极去照顾受过创伤的孩子的关键是努力保持我们的移情，尽管这很有挑战。

当孩子们反映他们经历中的不良行为时

受过虐待和忽视的孩子由他们的经历所塑造，他们适应自己的生存方式，去迎合自己必须应付的事情。他们通常是不易照顾或者让人移情的孩子。想想一个可信赖、天使般的孩子在一个充满暴力的家里多么易受伤害，他们简直无法生存。

正如第一章中所探讨的，发育创伤不仅影响孩子的精神健康，而且影响孩子理解本人、其他人、世界和所有这些因素之间内在关系的能力。

补充一点，人类首先是社会人，不是通过他们自身的完整设计而是一种回应和互惠的方式彼此响应。人类个体基于他们的情绪以及这些情绪如何汇成各自的关系史和理解力进行互动并做出回应。

因此，照顾者，照看发育中曾受创伤的孩子，有时会发现难以感觉到对孩子本能的移情，并且常常发现难以在面对孩子具有挑战性行为时保持这种移情，这不足为奇。

我与之工作过的许多照顾者，都曾有这样的孩子来到他们的家庭，其性格特点和行为很难让他们对其保持移情。这些困难程度因公然性行为的差异而区别很大。例如：一个7岁女孩为求得一个拥抱，坐在一位男性照顾者的膝盖上，然后用眼神交流，腿摩擦照顾者的腹股沟，更加狡猾的是，当一只非常可爱的家养狗受到伤害，或者一个孩子拒绝吃他们要求过要吃的饭时，她会给出一个轻轻的微笑。

照顾者通常会遇到孩子的一些古怪行为，类似上述的行为，但是对孩子的历史没有任何了解。因此，通常情况下，这意味着他们无益于理解这类行为对于处理早期关系来说是多么好、多么符合逻辑的策略，早期关系使他们的个性发展定型。

作为发育中曾受创伤的结果，孩子们展现出的行为总是有原因的，然而，通过奖惩思维的逻辑来看待时，他们使照顾者感到挫败、恼怒、厌恶和生气，这很难发展成移情。

曾受创伤的孩子经常展现的行为是复制他们知道并理解的互动关系的（无意识的）尝试，不管那些关系曾经是多么可怕（参照第一章表1.4）。这些尝试向照顾者发出了在某些方面举止得体的社交邀请。这些邀请正如要求去排队一样巧妙和强大，而不是走向队列的前面或者当某人走向你时你移到路边。我们以不同方式回应的唯一希望就是去了解我们如何受邀行事，并且意味着我们自己对于我们所照看孩子的感觉是诚实的。这些感情对于我们理解曾受发育创伤孩子的内心世界来说是非常有用的工具。

曾受创伤孩子的情感非常强大，因为他们激起周围成年人同等强大的感情和反应。

对行为作出反应

正如孩子们的行事本能地适应过去的经历一样，代养人和养父母本能地回应孩子的邀请，加入他们的这类互动中。

作为总原则，在某些方面通过曾受创伤孩子给我们的邀请，接受曾受创伤孩子的行为激起的反常反应十分有用。我们自己心理上也有许多方面使奖惩思维看起来是对问题行为的逻辑反应，但是这类直觉反应可能对孩子的情感发展不利。

理解照顾者情感的起源，当对曾受创伤孩子的行为使用奖罚思维时，有助于作出必要的判断，转向基于对孩子创伤移情的策略。

当本能地作出反应时，暗含在任何关系中的邀请往往决定照顾者的行为。然而，停下来想一想，便于理解这种直觉反应有助于设计更多的有效解决方案。

从根本上来说，我们都有对公平和互惠的期待（例如，从某种程度上，我们期待人们像我们对待他们那样对待我们），任何违反社会规则的行为都会激起负面感情。坦率来讲，如果在面对粗鲁、攻击和/或被忽视时，他们的本能不是生气、粗鲁、忽视或一些其他对于这种对待的不愉快反应，那么这个人的自尊出了问题。

针对攻击，第四章会有更多的探讨，动物会有一种心理反应，准备逃离或者迎击我们的身体。面对攻击，人类会不断地作出攻击反应，这正是进化排列,除非他们能够注意到并理解他们自己的情感反应和孩子激怒他们的情感。

以攻击应对攻击满足正义感和公平感，通常会感到十分陶醉，这会产生一种冲动，并为他们自己提供支持。然而，不幸的是，除非处在接受端的这个人对公平和公正有某些理解，否则无助于他们去了解他们的行为是不公平的，事实上，这更可能使问题恶化。

如何立刻处理你的负面感情

直到一个照顾者可能通过理解孩子行为的原因，真正克服他们可能对孩子的负面感情，对于照顾者来说，非常重要的是帮助孩子弄清楚他们之间情感氛围的意义。照顾者通常所做的事就是否认，任何问题都说“不，不要担心，我很好”。然而，情感总会通过我们的非语言交流泄露出来，因此否认只会使人更加模棱两可和焦虑。

在与发育中曾受创伤的孩子互动时，非语言交流与语言交流匹配来进行情感交流非常重要。已经在情感多变的环境中度过早期的几个月和/或几年的孩子，受过良好训练，以分辨正在发生事情的情感真实性，这将成为他们自我保护的技能。有一些孩子，当出现任何情感方面的不确定因素时，他们就会感到有必要固执地问他们的照顾者，他们是否可以，或者像鹰一样观察他们的活动。

应付照顾者与孩子间这些棘手裂痕的最有用策略之一就是“情感评价”（emotional commentary）。之后章节包括把这种技能和与孩子具有挑战性的情感和行为的细节，也能用于你自己具有挑战性的情感状态中。表2.4为照顾者提供了一些“情感评价”的例子，试着运用这些例子，根据下表来运用这些警告。

表2.4　对照顾者情感的移情评价

下面是描述移情评价的例子，在你能够理解孩子困难行为的来源和感受之前，可以用来帮助你的孩子理解你们关系中的情感裂痕。

- “我现在感到非常生气，因为你踢球时打坏了一扇窗户，我当时告诉过你不要那么做。但我一会儿会平静下来。”
- “我此刻对你非常失望，因为我试图帮助你时你对我大喊大叫。给我一些时间，然后我们谈谈。”
- “坦率地说，你刚才那样对待乔茜（Josie）我非常生气。我正在非常努力地理解你为什么那么做，但是我或许还需要时间平静。”

- “我知道你尽力了。我真的感到失望，因为你不刷牙。过一会儿我会没事的。”
- “对于你为什么那么做我非常困惑，我会试着去解决这个问题，之后我们可以更详细地聊聊。”
- “我度过了非常糟糕的一天，我不生你的气，但是我知道你或许认为我生气了，我坐一会儿并且喝杯茶就没事了。”
- “我非常担心玛丽（Marie，养母），因为车坏了，但是我们会修好的。我不生你的气。”

重要的是当心不要陷入奖惩思维，把情感评价与训练孩子的技巧混为一谈。记住发育中曾受创伤的孩子可能对这类令人羞愧的策略产生抵触（参照第一章）。因此，重要的是不要激发这些感情，也不要用敌对的方式来评价，试着尽可能平静。

有了一些关于照顾者对孩子情感状态的解释之后，对于照顾者来说，花费一些时间准确了解他们为什么用自己的方式去感受和/或对孩子的行为起作用的方式去感受，这非常有用。平静下来时，照顾者能够跟进孩子的问题，并且运用下述章节中一些预防式策略和/或更加精确地评价引发关系裂痕的情感状态。

牢记关系破裂和修复之间的时机，这种关系对于孩子来说可能非常有压力。孩子或许会坚持询问发生了什么。要不然，他们或许期待这类严重后果，至于裂痕，他们或许找到一个办法，忘记他们和照顾者之间的不愉快，并且显得厌烦。不论发生何种情况，孩子会需要照顾者主动修复关系中的裂痕，即使很显然孩子应该道歉。

对于人们来说，难以对发育中曾受创伤的孩子保持移情的另一个因素就是重复并且持续地述说创伤的细节。当人们被固执地揭露想起来就感到疼痛的可怕想法时，通常会建立保护性的防御措施，防止那些可怕的情感来袭。如果照顾者没有意识到这种倾向，那么它可能难以形成并保持真正的移情。

同情疲劳："我不可能做你已经做过的！"

许许多多的人发现，直接接触受过虐待和/或忽视的孩子遭受过的恐惧是难以理解的。虐待孩子及其后果在富有移情和关爱的人们中建立了这类强大的情感反应，甚至照顾这类孩子的想法（idea）通常需要一种退出策略，即"我不可能做你已经做过的"。

真正决定他们能够做这事的那些人们，尤其是那些决定照顾并与受过虐待和/或忽视的孩子一起生活的人们，需要另一些类型的情感退出策略。试一下表2.5中的练习，探讨你的真正移情经历以及照顾者如何退出。

表2.5　移情时刻和我们如何退出

仔细想想你最近一次对你的孩子真正感到深深移情，最近一次你真实经历过清晰的痛苦和恐惧，即你的孩子经历过的真实情感、损失和灾难。当保护性的困惑消散时，为什么早期创伤通常会影响其今后的生活，为什么这种痛苦会变得明显。

当你记得清醒最后一刻时，试着去想想它会像什么，去长久地抓住那种感觉，而不是几分钟或者几个小时。

- 你出什么事了？
- 你能处理你的日常生活吗？
- 如果你可以，那么你如何感受影响你的情感、你与人们说话的方式以及你感知他们行动和动机的方式？

- 这些情感使你想做什么？

在所有可能的情况下，你努力摆脱关于孩子的那些感情，也是十分正确的！这种策略是在情感恢复中证明你是多么的正确。

你可以试试下面一些策略。一些想法很难让人认可，甚至你自己也很难认可，但是试着去仔细反映这些（或者其他的）你逃避疼痛情感的方式，这种感情是由尽管短暂但真实地移情予你的孩子唤起的。记下对你最有意义的事。

你可以试试：

- 分心，“去忘掉任何事”；
- 把你自己从那种感情中抽离出来；
- “他可能太小，不知道在干什么。”
- “她很坚强足以对付它。”
- “或许他应该得到它。”
- “她有时需要得到鼓励。”

如果这些不是十分适合的话，请补充你自己的。

无论人们如何私自设法逃离这种经历，应该能够看到这么做的诱惑是不可抗拒的。这不会因为照顾者是冷酷并且没有移情的人类就不会发生，恰恰相反。如果照顾者没有准确地感受到孩子的疼痛，他们没有必要采取这类极端措施，去避免它。

这个过程比较重要的部分就是承认所说和所想的事情，以便缓解疼痛，没有必要准确无误，例如，尽管10个月大，他就（did）知道暴力正在发生；在故意虐待时，她是（was）一个牺牲品，并且不是同谋。除非本能地承认逃避对曾受创伤孩子的疼痛予以移情，否则不可能开始去容忍孩子的疼痛，通过建设性的方式而不是减轻成年人不安的方式去养育孩子。

照顾那些因受虐待和/或被忽视而受创伤的孩子的另一个关键方面就是从情感上来说，他们的情感发展处在一个更加年幼、更加贫乏的阶段。他们需要的情感反应、呵护、管理和激励在照顾者面前更像一个婴儿，而不是一个年长的孩子。

当人们生了孩子，他们及其周围的人都会做出巨大调整，把时间花费在这个孩子身上。他们对工作生活做出巨大改变，把大量精力花费在照顾孩子上。如果新晋父母幸运，人们会带给他们食物，因为他们没有时间准备并烹饪食物。当他们转过头，发现父母仍在跟前的话，他们连眼睛都不会眨一下。

照顾一个发育中曾受创伤的孩子和照顾一个婴儿一样耗费体力和感情，但是社会对此没有任何考虑。当照顾者开始因为照顾一个发育中曾受创伤的孩子是多么需要他们的工作而受到赞扬时，他们开始感受到更有可能改变他们自己和孩子的待遇。

当两个世界发生冲突时

考虑到孩子带给与照顾者之间关系的强大动力，花一些时间思考照顾者带给这种关系的是什么也十分重要。

每个人都有被养育的经历，这种经历会对形成他们的个性和对各类错综复杂关系的认知产生强大影响。每个人都会在一定程度上明白他们能跟什么类型的人或不能跟什么类型的人相处得好。照顾者很难有实际机会在他们一起生活之前了解到他们如何能与所领养或者收养的孩子相处好。通常情况下，受过创伤孩子的关系期待与他们照顾者的关系期待非常不同。这些关系期待在许多方面会发生冲突，并产生误解，进一步损坏照顾者对孩子产生移情的能力。

对于照顾者来说，理解各类关系，其中大部分来自他们自己被养育的经验以及理解孩子的关系期待时，理解他们自己根深蒂固的方式，这一点十分重要。很容易假设如果存在童年受过创伤的经历，那么这种早期经历只需要得到检验。然而，在早期各类关系的信息中存在许多细微的差别，不幸的事就像界定是否受过创伤一样不那么简单。试着运用表2.6中的问题，探讨你内心隐藏的各类关系期待。

表2.6　理解关系期待中的差异

场景一

詹姆斯（James）和卡丽（Carrie）是一对在一起生活了两年的夫妻，他们没有孩子，他们一起工作，共同做家务。

在一个特别的星期三晚上，轮到詹姆斯去做晚饭，他工作时经历了可怕的一天，在该周早些时候，詹姆斯一直参与的一个项目出了问题，他的老板因此责备了他。卡丽也经历了糟糕的一天，她一早接到一个电话，说她的阿姨生病了，卡丽非常担心她。她前一周做的家务比分内的多，因为詹姆斯在工作上花的精力比较多。

卡丽晚上七点半回到家时，发现詹姆斯坐在客厅里看电视，没有任何做晚饭的迹象。

卡丽非常愤怒并确信詹姆斯知道这一点。詹姆斯极力反驳。他们双方都在维护各自的立场。

- 你认为谁的抱怨最合理？
- 你认为詹姆斯应该做什么？
- 你认为卡丽应该做什么？
- 站在詹姆斯和卡丽的立场上你会怎么做？

场景二

帕西（Patsy）和法丽达（Farida）是5年的朋友。她们的孩子上同一所小学，她们经常一起参加社交活动，分享美好与不美好的时光。当她们烦恼或者需要一个肩膀哭泣时，第一个想到的就是彼此。

在一个下雨的星期六下午，两个朋友为给孩子们买学校穿的鞋子一起外出购物。帕西给她儿子安东尼（Antony）找到一双理想的校鞋和几双运动鞋，但是当她付款时发现她的卡到期了。她感到很尴尬，询问法丽达是否可以用她的卡支付鞋子钱。帕西向法丽达保证她尽可能早地还她钱。法丽达愉快地把钱借给了帕西。

一星期之后，两位女士像往常一样在校门口相遇了，一直没有提钱的事情，法丽达开始担心，想要回钱，那个周末她需要买一些日常杂货。法丽达向帕西提到了那笔钱，并且问帕西是否可以还她的钱。帕西惊讶地看了看，显得有些尴尬和生气。她想，“她知道我不能很快还她钱！”

- 你认为谁的抱怨最合理？
- 你认为帕西应该做什么？
- 你认为法丽达应该做什么？
- 站在帕西和法丽达的立场上你会怎么做？

在那些你有不同生活期待的人和没有的人中试试上述两个场景。比较他们的反应并看看是否他们对这些问题的看法有所不同。

可能你的反应和你收集到的反应是由于每个人自己的经历和后期的关系期待形成的。一些人或许对于日常事务中性别角色的重要性以及詹姆斯和卡丽因此期待的持不同看法。一些人或许对于借钱、友谊和沟通持不同看法，因此对帕西和法丽达的故事反应不同。各类关系期待和假设的巨大差异和不同意味着由于不同的经历和期待，对于照顾者来说似乎是明显和“正常的”，但对于孩子来说会感到陌生、疏远和/或奇怪。

我猜想表2.6引发了对一些非常简单场景的不同认知。我希望这有助于证明各类关系期待和假设有多么不同。发育中受创伤的孩子，在构建各类关系时有过一些极端经历，可能会对他们的照顾者产生非常不同的关系期待。

如果由于虐待和/或忽视而受到创伤的孩子其照顾者对于他们自己的历史以及这如何建立了他们的关系期待，尤其是养育关系期待有一个很好的理解，那么出现关系期待时，它将帮助他们去反应这种关系失调。试着运用表2.7去探讨照顾者与他们孩子之间的各类关系期待。

表2.7　你和你的孩子之间的各类关系期待

填写下面表格中你对这些题目的期待，并根据你对你的孩子和他们经历的了解，猜测你孩子的期待是什么。

有时，明确思考我们自己的期待可能具有挑战性，因为这些期待很好地融入了我们，或许与你信任的人讨论一下会有帮助。

	你的期待	你孩子的期待
关于食物家人应该如何互动？		
就寝时间应该是怎样的？		
成年人应该如何彼此示爱？		
成年人和孩子应该如何彼此示爱？		
父母和学校应该如何相互影响？		

	你的期待	你孩子的期待
父母和孩子应该如何交流性问题?		
怎样庆祝活动?		
人们情绪糟糕时会做什么?		
人们激动时会做什么?		
成年人如何处理分歧?		
什么样的事情应该属于隐私?		
人们应该和谁谈论私事?		

照顾者的关系期待，来自他们被养育的经验，在孩子到来之前，照顾者专门思考对孩子的期待是什么也十分重要。运用表2.8可能有助于探讨这些期待。

表2.8　在孩子到来之前你对他们的看法

在做这个练习之前，你花一些时间关注一下你在第一次遇到孩子之前你的生活状态。你的家是否用同一种风格装饰？你多大年龄？你家里有其他人同住？你们有共同的宠物？等等。

有意思的是你不知道如何回答这些问题，但是试着想象一下并且进入你之前的心态。

你为什么决定收养或者领养（你的孩子，尤其是如果你能回答这个问题）	
你想象他们会是什么样子	

你想想你们第一次见面时的样子	
你想想你会如何看待你的孩子	
你想想他们会与你家里的其他人如何互动	
你想想他们会给你的生活带来什么	
你期待你的日常生活会如何改变	
你想想与你的孩子一起生活的积极因素是什么	
你想想与孩子一起生活的困难是什么	
你想想在你与他们相处的最初几个月内你与孩子的关系是什么样	
你想想过段时间你与孩子的关系会如何改变	
你想想你的孩子从你的养育中会得到什么	
在孩子到达之前你是否有其他期待	

战胜曾受创伤孩子情感世界的恐惧，也就是说，照顾者需要努力去理解并移情的那个世界真的会令人筋疲力尽。因此，对于照顾者来说，重要的是留出大脑中一直在努力工作的一部分，用于移情，否则，就会越来越难以抵御从孩子的创伤情感中逃离的冲动，从而放弃对孩子的移情。

表2.9 培育你大脑中的移情部分

"PIES"的概念作为个人的幸福清单或许是有益的：

身体：自理、体育运动、体育活动、吃饭、睡觉、休息；

智力：思考和学习、观念和启发；

情感：接触各类感情，并且能够谈论这些感情；

支持：实际的、财力的、情感的、理解和可接受的感情。

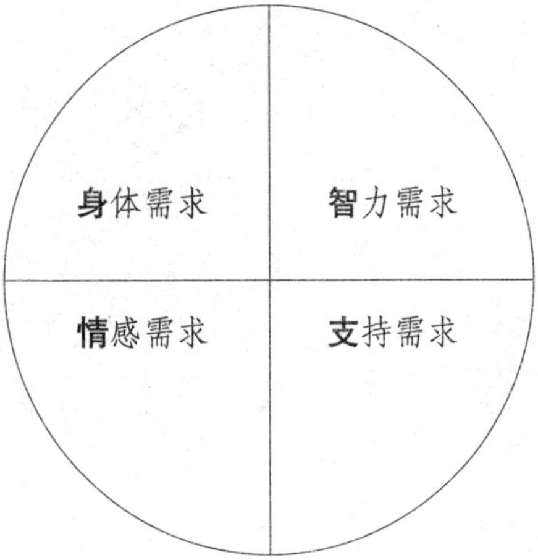

PIES

你如何照顾自己？

思考你自己的四维图（PIES）并且写下对你起作用的活动。

每个人在他们的四维图中都会有不同的事情，并且每个部分的大小取决于我们的兴趣、个性和环境。我们的PIES四维图也会随着时间而发生改变。

你的支持

一旦照顾者已经开始理解他们的内心世界和孩子的内心世界，他们就能够把支持用作承认情况发生时移情中存在裂痕的基础。然而，即使最擅长自我反省的人处于压力时也不善于运用这类理性思想，尤其是当我们正在学习并在试用一项新的策略时。

照顾者对孩子，他们通常表现得好像不值得移情，保持移情的一个关键因素就是对他们自己保持移情。任何养父母都需要建立非评判、移情的支持系统。家人、朋友、其他养父母和专业的支持团队在这方面至关重要。

对照顾来说，重要的是有一个第三人（甚至第四人和第五人）他们可以信任、对其诚恳地谈论有关移情减弱的时段。这位“移情伙伴”可以是朋友、伴侣或者照顾者能够信任的任何人，尽管他真正需要的并不是把相同关系压力施加于他们中的某个人，也就是说，这个人不会与孩子住在一起。养父母可以从他们的社会监督工作者那里寻求这类支持。然而，对于照顾者来说，判断谁能担任“移情伙伴”非常重要。

对于照顾者来说，这种关系需要让人感到安全，足以使照顾者冒巨大风险，说出他们高兴或者不高兴时对孩子的真实感情。照顾者选择去倾诉的这个人或这些人，需要能够理解、相信照顾者对孩子有最好的打算，但是他们有时会出错。移情伙伴不需要对照顾者和孩子之间暂时中断的移情、照顾者对孩子置气、生气的评论作出判断。这些事情似乎要发生时，移情伙伴还需要注意到并且告诉照顾者，不要使照顾者为此感到恐惧。鼓励他们的移情伙伴阅读本书的前两章，帮助他们理解他们被要求做的事和为什么要做，这对于照顾者来说十分有用。

反过来，照顾者需要绝对诚实，并且真实地说出他们面临的情感困境和他们没有移情的时段。当他们的移情伙伴告诉照顾者他们已经注意到移情在消退时，照顾者努力去听也是十分重要的。

为什么受损的移情如此难以承认？

“富有移情的人是好人”：专业的叙述

每一个与发育中曾受创伤的孩子打过交道的人在某些方面都会感受到并拥有许多压力。存在一种主导信念，对曾受创伤的孩子有负面感情意味着照顾者要么是不专业的人，要么是可怕的人。这是一个关于如何将奖惩思维运用于成年人和孩子的例子。它已经作为使人们改变行为的唯一方式根植于我们的思维中。这种思维如此根深蒂固以至于它已经变成了第二特征，似乎由这种思想激发，“如果我不赞成他们所感受的方式，那么他们就不太可能感受到那种方式”，或者相反，“如果我听到并且对这个人的负面感情移情，我就是鼓励他们更经常地去感受那种方式”。不幸的是，这是对养父母和曾受创伤孩子的情感重要性的过度简单化。

情感是人类最基础的组成部分，并且我们最大的希望是去承认它们，试着去理解他们的来源，尽最大努力去限制它们对我们的行为产生的负面影响。正如控制、责备并惩罚孩子的感情是有害的，照顾者去做这些事一样会损害他们自己的感情。

对于照顾者来说，因为他们的感情去评判并惩罚自己，这是荒谬的和有损心理健康的。只有情感能够引导的行为才真正能够得到理所当然的评判。然而，当驳倒问题行为的情感得到正当理解时，他们的惩罚通常作用不大。与照实发育中曾受创伤孩子的成年人诸如此类的典型的谈话，似乎经历三个阶段，详情见表2.10与格洛里亚（Gloria）的谈话。

表2.10　承认对孩子的负面感情是非常困难的过程

格洛里亚来做心理咨询，告诉我她领养的孩子迈克尔（Michael）的情况。有两次，迈克尔被发现把贾斯珀（Jasper，家里的狗）带进了卧室，好像拔掉了贾斯珀头上的毛。格洛里亚说话非常快，声音大而有力量。当她述说迈克尔对贾斯珀所做的事时，上嘴唇向下，嘴巴微张，皱着眉毛、咬紧下腭。格洛里亚说过“我不信你”“他不要再碰我的狗！”这类话。

在我面前，由于迈克尔对贾斯珀的行为，格洛里亚看上去非常窘迫、生气，坦率地说十分厌恶并且十分困惑。

在我们的谈话中，我改述了她用语言所表达的意思，然后尝试性地评价了我认为她用非语言所展现的意思。

第一阶段：防卫

- “不，我不难过。我需要你阻止他伤害贾斯珀！”
- “不，我绝对不会生他气！或许恼火但绝对不气愤。”
- “厌恶？我不厌恶他！看在上帝的面上他一直在伤害我的狗！”

在这个阶段，格洛里亚一直在试图让我理解她的感受，她认为是对她的批评而不是对迈克尔行为的一种非常能够理解的反应。

我试图解释我的观点，她的感受是完全可以理解的，并且如果有人伤害我的宠物，我也非常不赞成迈克尔的行为。

第二阶段：怀疑

格洛里亚看着我，很困惑，似乎我在骗她。“难道是做了令人讨厌的事情吗？”“不要担心，他不知道我多么气愤。”“哈，你不必告诉他的义工我所说的事。”

格洛里亚显然因为她对迈克尔的负面感情在避免自己受到我的批

评，但是开始承认她的所作所为。

我看着格洛里亚并表示了真正的关心。我告诉她我的想法，在家里有一个孩子，她不是非常了解，这个孩子一直在伤害贾斯珀，贾斯珀很小的时候，她就一直照顾它并且已经成了她的忠实朋友，这对她来说一定是可怕的。

我用语言和非语言告诉她，存在这类负面感情，我并不是完全不吃惊。我问她可选择的是什么。“如果你知道了正在发生的事并且你并不感到厌恶、气愤和难过，你会是什么样的人？”

第三阶段：宽慰

格洛里亚看起来越来越放松，并且她说：“我真的感觉迈克尔做了一件可怕的事情，并且我想去阻止。大多数时间他是一个可爱的男孩子。”

格洛里亚似乎感到她的感情已经被理解，她不再自责，或者需要保护自己。她想去阻止这种行为并且记得把迈克尔的另一面告诉给我，这说明格洛里亚已经重新获得了一些对迈克尔的移情。我们再去思考迈克尔为什么会那样伤害贾斯珀，并且我们对此能够做什么。

在典型的西方文化中，人们发现承认自己的情感非常困难，他们尤其害怕承认负面感情。这主要是因为含蓄地运用奖惩思维去间接表达负面情感，这种文化有过一段很长的历史。当然，这个过程实际所做的，不是阻止情感反应，而是训练人们不要承认他们的负面情感。下述传闻证明了人们从早期开始如何受到训练，不去表达负面情感。

我与一位朋友谈到了他5岁的女儿。她从学校带回了一个关于她跳高的贴纸。贴纸上有一张黄色的面带微笑的脸，带着一个竖起的大拇指并且在脸的下方写着“干得好！”。我的朋友问他的女儿用什么换来的这张贴纸时，她骄傲地解释说她摔倒了，并且在操场上伤到了膝盖。她说她的老师非常温和地表扬她、鼓励她，因为她坚强，没有“小题大做”。小女孩看着她父亲说：“我一点儿都没哭，爸爸！”

有合理负面感情，系统性地被否认并且只有偷偷摸摸地、非语言地表达，结果是这些感情被隐藏并且在另一个场合下出现，当他们突然出现时就显得不合理、不合时宜。我们中的许多人难道没有曾经向我们的伙伴或者孩子因为小事而大发雷霆？当时我们难道没有为某种原因而不能承认的某件事而着急？

到如今，我希望明确的是为什么对有关感情的谈话做出有价值的判断非常重要。当照顾者明显缺乏移情时，同情地对待他们以及他们的孩子至关重要。受损的移情难以承认，甚至对我们自己来说亦然，然而它是如此重要，以至于照顾者需要不断地警惕随之出现问题的迹象（表2.11）。

表2.11　减弱中移情的迹象

- 对孩子责备和责罚的感情；
- 为这个问题对孩子感到气愤和/或失望；
- 喜欢教训、唠叨和/或责骂孩子；
- 感到无望或者失败；
- 把孩子视作问题进行讨论（与之相反的问题，如攻击）；
- 非常喜欢在某些方面推断孩子的行为；
- 认为其他人要“修理”孩子，例如：照顾者把他们自己排除在解决问题之外；
- 对问题和导致该问题发生的孩子的经历失去好奇心。

减弱的移情其后果是什么？

当一个孩子的行为处于压力之下时，通常有一个强大的拉力去反应而不是回应，即对于照顾者来说，非常值得尝试的是在非常可理解的感情回应基础上采取行动，而不是反应，他们所知道的从长远来看，将使一个孩子去感觉并因此而做出不同的表现。

奖惩思维基础上的反应会导致惩罚孩子，因为，它以一种微妙的方式使成年人感觉更好。它也会导致奖励并赞扬孩子，以便塑造他们的行为。这两种选择都要求照顾者去评价孩子，而不是关注建立并加强照顾者与孩子之间的关系。

当照顾者的注意力被这种思维模式从关注关系建立上分散开来，并且不承认他们的感情时，通常他们会进入这种状态“如果我惩罚得足够狠、足够久”，孩子就会做他们希望做的事。不用多想就会发现这种思维模式，伴随无言的怨恨和因感情耗尽导致移情缺乏，只会损害照顾者与孩子之间的关系并且可能更糟糕。

我工作的一个家庭非常详细地谈到了不同人们是如何分析他们养子的困境。约书亚（音，Joshua）制定了一个非常有效的策略，通过不断地拒绝参加介绍给他的任何事情而控制自己的世界。约书亚的养父母努力保持安静，并且移情于他的困境。他们理解他拒绝参与家庭事务有充分的理由，即使家人不确切知道是什么理由或者他们对此能做什么。然而，约书亚以前的班主任对约书亚及其困境有相当不同的看法。她对他的父母谈到了他的“固执”，这对他在学校的学习和互动产生的负面影响，坦率地说，周围的每个人都被他激怒了。这位老师显然很有挫败感，并且说服这对父母，他们有必要运用奖惩思维，强迫约书亚走出他的策略；她临别时安慰他们：“不要担心，我们会突破他！”

这些奖惩策略很少用于发育中曾受创伤的孩子或者照顾这些孩子的人们。更令人担忧的是正是这种动力，来自孩子受创伤的“处关系”方式，有时会导致非常有爱心、富有移情的照顾者和专业人员不经意地复制孩子早期曾受过的虐待和/或忽视（参照本书的关系复制图，如第一章中的表1.4）。

“我不认识我自己”/“我已经变成我的母亲”

每个人都有从我们早期经历中形成的关联世界模式，这些不可避免地包括某些特质和感情“障碍”。如果有人怀疑他们有这类“感情小障碍”，那么发现障碍的最好办法就是去照顾一个孩子，尤其是一个发育中曾受创伤的孩子。

通常这些“感情小障碍”不会以任何方式阻碍我们的生活，它们只是我们爱好、敏感性和志趣这些构成我们性格因素的碎片。它们使我们成为细致、敏感、精力充沛、诙谐、不耐烦、无私和/或让人愤怒的人。

这并不意味着要暗示照顾者充满了障碍，这些障碍对孩子来说会引发问题。然而，这意味着与曾受创伤的孩子互动能够唤醒照顾者自己和孩子的感情小障碍。因此，孩子和照顾他们的人之间有不同的匹配程度，有时成年人的感情小障碍能够对孩子的感情小障碍提供帮助。然而，通常情况下，因为这类小障碍难以理解和认可，它们就成了更加难以照顾曾受创伤孩子并导致照顾者采取无益的、没有移情的方式处理孩子困境的因素。表2.12可能适用于发育中曾受创伤孩子的困境，以便探讨照顾者的感情和/或感情小障碍。

表2.12 照顾者对问题行为的反应

你抄写或者复印下面的这一页，你需要探讨你自己对孩子困境的反应时可以拿来使用。

问题是什么？

思考最近一次发生的问题。深入思考发生了什么，回想一下并且花一些时间回忆当时的情景。你没有时间重温当时的情景时，你需要花一些时间去重温，之后回答下述问题，并写下你的答案，帮助你记住。

你的身体怎么了？（你注意到你身体里的感觉有何不同？这些感觉在哪里？你的心在做什么？你感到特别热还是冷？）

你的感情反应是什么？（例如：气愤、不知所措、尴尬、热爱、激动。）

它使你想到了什么？（例如："我不知道做了什么""她为什么那么做？""他恨我"。）

它使你想做什么？（例如：走开、拥抱孩子、大声喊叫、责骂孩子等。）

这些反应感到熟悉吗？（他们不同于你？）

童年时你曾有过这些反应?（这种情感交流使你想起了你的早期关系？）

用你的回应帮助你了解你的反应是否属于你自己过去的“感情小障碍”，你可能的回应将成为将来的行为，形成处理你孩子困难行为的新方式。

我希望本章已经解释了为什么移情是最基本的，在使照顾者从奖惩思维中移开，并转向与发育中曾受创伤的孩子建立联系，使照顾者更加有效地处理孩子的感情和行为。

在下述章节中要探讨的问题，建议的练习和策略是解决照顾者的移情丧失问题，有时会引出负面的感情反应。对照顾者有用的是，他们感到自己对练习或者孩子想做出冲动的反应，并运用这些资源，在本章前面讨论过的资源，这有助于照顾者在试图应对任何具有挑战性的行为之前，仔细思考与孩子关系中的移情。这使他们有空间运用新的移情行为管理逻辑去反应，而不是根据奖惩思维去反应。

表2.13　记住保持移情的事情

- 在没有移情的情况下，照顾者不能应付他们曾受创伤孩子的情感，因此也不能应付他们的行为；
- 照顾者应该花时间去理解为什么移情对于由于虐待和忽视而遭受创伤的孩子如此难；
- 平静时，规划一下他们对相互关系的期待是什么并思考他们怎么会称赞或者为什么与他们曾受创伤的孩子发生冲突，这对于照顾者来说十分有用；

- 非常重要的是照顾者努力得到孩子经历中美好的部分，很好地记下来，并且经常恢复孩子的这些记忆；
- 努力弄清楚孩子的历史如何对他们当前行为起作用；
- 照顾者对孩子的负面感情不应该受到评判。重要的是承认这种感情，理解并发展成移情；
- 十分有益的是，照顾者观察并反映他们的“感情小障碍”以及这类小障碍如何影响他们对孩子的感情反应和他们对孩子的移情，这些感情小障碍来自他们自己被养育的经历；
- 如何处理孩子困难行为的第一个本能或许建立在完全可理解的、试图阻止移情或者接受孩子复制他们过去经历的邀请；
- 重要的是，照顾者“回应”（responding）孩子的行为，便于使孩子规避他们的行为，而不是在他们的感情本能基础上回应；
- 对于照顾者来说，有依据的支持系统至关重要。为了让照顾者和他们的孩子受益，应该做一下调查。确定“移情伙伴”十分有用；
- 照顾者应该警惕他们自己移情受损的迹象。

第三章

寻求关注与寻求依恋作比较

Why can't My child behave

曾受创伤孩子引起成年人注意的尝试是同样需求依恋的交流，但由于成年人关于如何养育的假设，即根据孩子的实际年龄，频繁建立各类不会满足孩子依恋需求的反应。

“不管他，他只是寻求关注”

这是我听过对我工作中接触过的孩子们挑战行为用得最多的一句话，我相信照顾者也听说过；他们很可能曾经用过；当运用奖惩思维时这句话会起到重要作用。当面对一种令人泄气的行为时，最常用的养育策略就是不理它或者使用一种“推论”。

“寻求关注”是一个用得非常普遍的术语，当孩子坚持成为关注的重点而不顾成年人是否愿意和/或把注意力集中到孩子身上时。孩子寻求关注时会采取多种形式，照顾者想与别人搭话、向别人讲述非常有趣的事时，孩子会大声说话。

对一个童年没有享受过足够注意的孩子其行为贴上寻求关注的标签是有问题的。对一个孩子使用寻求关注这样的语言是在鼓励奖惩思维，阻止好奇心和移情（反之亦然）。概括一下，一种行为是运用寻求关注和奖惩思维的结果，那么就等于训练孩子去忽视一个进化发展的基本生存策略。照顾者与孩子之间的斗争不仅仅是两个人之间的冲突，而是照顾者与数千年人类发展之间的斗争；真的很难调和，这不足为奇。

有过发育创伤经历的孩子，其寻求关注不同于早期关系良好的孩子寻求关注。在由于虐待和忽视而遭受创伤的孩子中，寻求亲近的最早驱动力从来没有获得，因此，这类孩子通常不会迈过这个发育阶段，进入懵懂年代萌生的独立阶段。正常发育的婴幼儿是地球上最受关注的对象，他们需要照顾者全程密切并且即时的帮助。当这一基本资源被扣留时，婴儿们带着这些没有得到满足的需求进入了童年，这不足为怪。

结果是，当应对这些孩子时，他们错过了婴儿时期需要的关键而强烈的关注，需要更加理智，准确地重新构建孩子对关注的无限希望，替代对依恋的极度需求。事实上，他们是寻求依恋。

为什么婴儿会寻求依恋？

思考人类婴儿和其他哺乳动物的幼子之间的区别。大多数哺乳动物培养这种能力，寻找食物，并在其出生不久之后躲避捕食者。人类的婴儿缺乏这些关键的生存技能，因此，他们需要其他的技能。因为人类婴儿不能满足他们自己的需要时，其生存能力取决于其与能够满足他们需求的成年人足够亲密的能力。

因此，对于人类婴儿来说，当务之急是通过一切必要的手段说服他们周围的成年人与其保持亲密的能力。身体亲密的需求对于婴儿来说与对食物和安全的需求一样基本和关键，因为亲密能够确保以上的所有。在婴儿时期，与成年人保持密切关系的能力是实施控制的唯一方式，对于婴儿的生存来说十分必要。从根本上来说，这就是为什么人类是社会动物，各类关系不但是我们快乐和安慰的最大来源，而且是难过和偶尔感受特别疼痛的原因。

什么是寻求依恋？

婴儿有许多确保他们吸引注意和得到与他们最初照顾者亲密的办

法。在阅读之前，停下来思考婴儿为了吸引照顾者的注意力所做的事（表3.1）。

表3.1 发育中曾受创伤的孩子“寻求依恋行为”的例子

- 与兄弟姐妹竞争；
- 孩子们通常有过为了吸引注意力需要竞争的经历，这种策略适用于这些在新家庭的孩子；
- 打架；
- 怨恨；
- 讲故事；
- 虚假指控；
- 寻找或制造矛盾；
- 这会导致撒谎、偷窃等行为；所有这些挑衅性行为对于照顾者来说都难以去忽视，因此需要时他们非常容易达到亲近目的；
- 帮助的持久愿望；
- 这是一种吸引照顾者并使照顾者钟爱的寻求依恋方式，因此很可能会成功引起注意；
- 无休止/荒谬的提问；
- 照顾者通常认为孩子重复问他们同样的问题，或者问没意义的问题是记忆问题或者某种认知缺陷。鼓励互动或者与他们的照顾者开始一次谈话，这通常是最简单有效的方式。

所有这些寻求依恋行为对于发育中曾受创伤的孩子来说也能起到其他心理作用，但是，他们几乎没有经意设计那些使他们的照顾者或者其他人与他们亲近的策略。

我相信大多数人能够想起这样一个场景：他们在超市、坐在医院的等待室或者在其他公共场所，看着一个机灵的孩子。孩子有一种不可思议的力量，用热烈的目光接触吸引着他周围的每个人。我记得最近的一个场景，当时我在一次小学的会议上，一位家长带着她的孩子。这个男婴踩着妈妈的肚子，看着妈妈的肩膀后方。他用一双漂亮而又打动人的眼睛盯着我看，当时我睁大眼睛向他大笑，并且表情非常夸张。一段时间之后，我注意到其他四个成年人正加入我这个愚蠢而着迷的行动中来，他们都对那个孩子睁大眼睛，面部一幅卡通形象，那个孩子只是凝视、迷惑地看着我们。

婴儿用来亲近照顾者的另一种非常强大、无意识寻求依恋的策略就是哭泣。试试表3.2中的练习，感受婴儿的哭泣会是多么强大。

表3.2 婴儿哭泣练习：第一部分

有两种方式做该练习。如果你接近婴儿，那么该练习的现场经历力量会更强大。如果你没有，那么试着引起孩子的注意。

现场经历

如果你很容易接近了一个婴儿，那么抓住机会仔细听他或者她哭喊的下一次时间。刚听到孩子哭的几秒钟就做这个练习，没必要让孩子比平常哭得更久。

引起孩子的注意

如果你想象的话，闭上眼睛，用几分钟时间想象一下哭喊的婴儿，这个婴儿没有特殊的困境或者经历过任何虐待或被忽视。婴儿在哪儿？是男孩还是女孩？穿着什么衣服？眼睛和头发长什么样？想象一下孩子的脸、眼睛、鼻子、嘴巴、耳朵、下巴等有什么特点。

花时间想象一下周围的声音和气味。现在想象一下你听到婴儿的哭闹声，听几秒钟，注意哭声频率和音调的变化。

注意你的反应

你找到一个你能倾听或者能花时间仔细描绘你想象中的婴儿，记录下你对下述问题的反应：

你的身体会做什么？（你感觉这些事情在你身体的什么部位？这种感觉是否来了又去或者近在咫尺？）

你经历过什么样的感情？（通常很难把感情和思想分离开，但是为了这一部分，试着只思考感情，如气愤、激动、悲伤。）

当你听到这个婴儿的（哭泣）时你正在思考什么？（如“我想着做什么晚餐？”“昨天是紧张的”。）

婴儿的哭叫使你想做什么？

根据你对这个练习的反应，思考一下你孩子的故事。你的孩子在最初几天、几周、几个月对注意的需要越来越强烈和紧迫。

不管他们经历过什么，你的孩子一直没有被忽视并且照顾得足够好，他们的生存取决于一切进展顺利。你的孩子求助于各种反应，就像一只熊掉进陷阱中一样紧张和绝望，绝望时机会引发绝望手段。熊变得不可能被忽视，靠自己解决问题并且获得自由（并且接受最严重的后果），或者他变得无望，放弃降临在自己身上的任何事。

强迫性的本能，大多数人经历过一个可爱机敏婴儿的目光接触和微笑，或者窘迫婴儿的哭声，从进化的角度来看都是安排好了的。曾受创伤孩子引起成年人注意的绝望尝试是同样需求依恋的交流，但由于成年人关于如何养育的假设，即根据孩子的实际年龄，频繁建立各类不会满足孩子依恋需求的反应。

然而，人类共同的本能，是由数千年人类进化发展来的，如何反应孩子的绝望与超级奶妈和星座图这一新的困惑相比信息更加翔实。奖惩思维是重要的，并且我们的孩子需要一定的训练，但是在这种思维能够结合育儿工具箱使用之前，照顾者离不开的主要原因就是要参与，并且感到筋疲力尽。

发育中曾受创伤的孩子必须从他们的家庭境况中解救出来。即使一出生就被弄走的孩子经历了分离的剧烈痛苦并遭受了后续的难过。这意味着，尽管他们做了迫切和疯狂的尝试，但他们无法使照顾者按照他们需要的那样去做，即在某种程度上，允许孩子去放松，并且不用太努力去得到他们已经满足了的需求。孩子对于注意和依恋的需求在最关键的头几天、几个月和几年没有得到满足，因此他们知道的唯一方式就是继续寻找，然后他们期待从照顾者那里得到回应（表3.3）。

表3.3　婴儿哭泣练习：第二部分

已经做过本练习的第一部分（表3.2），你会更容易理解你孩子的想法和感情（独立且不同于你自己的想法和感情）。你自己做到以后再试图让你的孩子去做。

再思考一下你孩子的哭声，并且做移情猜想：

婴儿的身体出现了什么异常？（如脸红、肌肉紧张。）

你认为他们的感情反应是什么？（他们表现在外的和没有表现出来的。）

你认为你的孩子正在想什么？

你认为他们在这一刻害怕什么？

已经理解了发育中曾受创伤孩子的“寻求关注”被更准确地视作对更深层次亲近和注意的需求（need），这些行为此后将会贴上寻求依恋行为的标签。

寻求依恋和你

按照前面的陈述，人们已经树立了这样的观念：对于发育中曾受创伤的孩子关注得越多越好。现在需要思考的就是向孩子提供他们需要的依恋经验。这场战斗中一半的工作就是处理各类需求，这些需求放置在照顾者的身上，便于他们能够持续提供依恋经验。对于一个小孩子的身体和感情挑战以及为此所做的承诺在第二章中探讨过。如果我们设想一下我们自己在同等时间内为一个婴儿而做同样的事，可能更容易理解寻找一个发育中曾受创伤的大孩子其依恋、注意和激励需求的长期困境。

讽刺的是，通过奖惩思维，寻求依恋的孩子由于他们的行为得到的关注越少，而不是他们需要的越多得到的越多。照顾者热衷于使用他们的策略，这些策略建立在“得寸进尺”的假设基础之上。我希望人们明白的是，发育中曾受创伤的孩子需要相反的原则“给他们一尺，最终他们仅需要一寸”。

曾受创伤的孩子似乎是寻求注意的无底洞，他们虽然不是真正意义上的无底洞，但通常是非常非常深的洞。这些孩子的照顾者其任务就是填满他们过去经历留下的深洞。关键是从一开始去接受，这不能迅速做到。大多数照顾者迫切希望他们的孩子尽可能快地做出积极改变，这是一个完全可以理解并且值得称赞的目标。然而，这个领域的项目需要花费时间，因此把你的全部希望寄托在不久的将来只会导致沮丧。

奖惩应对寻求依恋

父母和照顾者被告知应付“寻求关注行为”的经典方式就是去回应它，这种行为的原因似乎不重要，即不管什么原因引起的，对此回应的可能方式都将是阻止这种行为。奖惩思维使照顾者相信赞扬和/或奖励希望的行为就会增加这种行为，而惩罚就会导致减少。

根据最近的神经科学发现，目前有许多问题都是这种方式对所有孩子的合理性引起的。然而，这种接近孩子意识的“黑匣子”办法用于发育中曾受创伤的孩子时就会失败。这些孩子的意识和他们的需求因为发育时受到过损伤而不同于其他孩子。

因此，如果对由于虐待和/或忽视而受到创伤的孩子使用奖惩思维会发生什么？许多照顾者称忽视领养和收养孩子“寻求关注”的尝试是逃避问题。这是因为忽视孩子的寻求依恋行为时，照顾者不经意间在复制引起依恋寻求的养育行为，即孩子亲近父母的需求，在婴儿时期，没有得到优先考虑，因此增加了孩子寻找亲近父母的依恋需求（表3.4）。

表3.4　关系复制——寻求依恋

出生家庭的经历

成年人： 忽视孩子的“寻求关注”（试图引起他们需求的注意）	→	孩子： 确保他们难以被忽视

出生家庭很少与孩子互动。孩子形成了主动的寻求依恋策略（例如：哭喊，难以解决问题，非常亲密地待在一起，使自己非常有用，想与父母持续接触、喊叫、生气……），这不会被忽视。

收养/领养家庭的经历

孩子： 确保他们难以被忽视	→	成年人： 忽视孩子的“寻求关注”（努力得到他们需要的注意）

孩子通过主动寻求依恋运用需要注意这种策略。照顾者认为受到控制，因此拉开与孩子的距离，和/或者遵循奖惩思维，运用“忽视坏行为”技巧。

总结：忽视/漫不经心的养育办法导致孩子寻求依恋/亲近——孩子不知不觉地使照顾者忽视他们——照顾者已经接受了这种情况。

如果曾受创伤的孩子没有采用寻求依恋的策略，并且得到成功训练，不去寻求与另一个人的持续密切接触，那么这个孩子在保持自我安全、理解和融入其他人方面就会产生严重问题。一些孩子走上了这条路（例如：他们是回避性依恋），与寻求依恋的孩子相反，在形成希望照顾者教养和保护方面，他们需要得到鼓励。

所以，与忽视孩子意识中的东西相反，他们的寻求依恋行为被视为进入他们感情世界的窗口。

因此，就发育中曾受创伤的孩子来说，“忽视他，他只是对寻求关注不起任何作用”。实际上，这种表述意味着“忽视他，他在努力去生存”。搞清楚发育中曾受创伤孩子寻求依恋行为其意义的各种感叹，更准确地说是“谢天谢地，你仍在努力得到照顾”，“我放心了你一直在努力去生存”。

我经常听到各类担忧，在某种程度上，孩子会沉溺于所有我鼓励照顾者给予的关注，然后当他们走出来进入“真实”世界时会深受其苦，在真实世界中，他们不会得到同等关注。记住养育是治疗这种创伤的发展过程，但是当他们给予了一个新生婴儿需要的所有关注时，孩子们有机会超越寻求持续关注的需求。婴儿时期获得的足够关注，其积极的、生理和神经影响复制到年龄较大、发育曾受创伤的孩子身上时比较缓慢，但是可以完成。

切断对他们的关注，对一个因虐待和/或忽视而遭受创伤的孩子真的没有益处。像所有孩子一样，他们会使人们更加清楚，他们寻求关注越来越少，有你的陪伴就足够了。17岁的孩子（在早期生活中得到足够的关爱和关注）很少会想坐在他们母亲的膝盖上看电视，这并不是因为任何人约束他们不能那么做。

因此，寻求依恋对许多发育中曾受创伤的孩子意义重大，并且它不是一种我们应该通过奖惩思维去摆脱的行为。因此，照顾者对孩子做得太过的问题现在已经消失了，即他们通过给予孩子“太多”关注而一直在做坏事，和/或为了不让孩子成为“寻求关注者”，他们不会给孩子提供所需要的社会技能。事实上，照顾者不再担心养育的情况，因为他们给孩子的关注越多，对孩子就越好。然而，这不意味着它是一项轻松的任务。

也要简单考虑一下不提供关注/依恋经历的后果，可那恰恰是发育中曾受创伤的孩子所渴望的。如果这样一个孩子尽己所能去从他们的照顾者那里得到依恋经验，并且他们没有成功，那么这项策略就需要调整。这意味着要么找到新办法，让照顾者给予这个孩子需要的关注，要么在其他地方去找。孩子未满足的依恋需求会导致其他许多问题行为（参照表3.5）。

表3.5　不通过移情回应“寻求关注”的潜在后果

- 同辈关系问题；
- 明显缺乏社会技能；
- 缺乏自尊；
- 性攻击/侵害；
- 早孕；
- 拉帮结派；
- 暴饮暴食；
- 滥用药物；

- 滥用酒精；
- 家暴倾向。

多数照顾者明白他们的孩子比其他孩子需要更多关注。许多照顾者会非常努力地给予孩子足够的关注，但通常随着热情消失而难以持续，并且照顾者在孩子需求和他们自己感情受挫、无望和/或刺激的重压下开始感到崩溃。结果，一种更加系统式的办法会得到广泛运用。或许还需要调整你的期待，或许你的孩子总是比某些孩子需要更多关注。

可以理解为什么一个孩子寻求依恋会使照顾者形成新的、与他们孩子完全不同的行为方式。一旦理解其原因并且其合理性已然清楚，对一个孩子具有挑战性的行为产生移情就会变得相对容易。然而，正如我在前面章节中讨论过的，这种理解和接受只针对某些可改变的方式。也有一种接受十分耗费心力，就是运用各种策略，使孩子们得到他们需要和要求的关注和依恋。话虽如此，许多照顾者告诉我，采用奖惩技能不仅没用而且令人沮丧和愤怒，它损害了照顾者与孩子之间的关系。

移情行为管理策略

如何处理寻求依恋

图3.1证明某些因素有助于我们理解曾受创伤孩子寻求依恋的行为，最有影响力的用黑体标示，其他因素从更小程度上来说或许会有影响力。

下述章节中的策略绝对不详尽，这正是我的希望，运用以前章节和本章前半部分的移情行为管理模式，你能够形成自己具有创造性的解决办法，帮助你和你的孩子解决他们的寻求依恋问题。

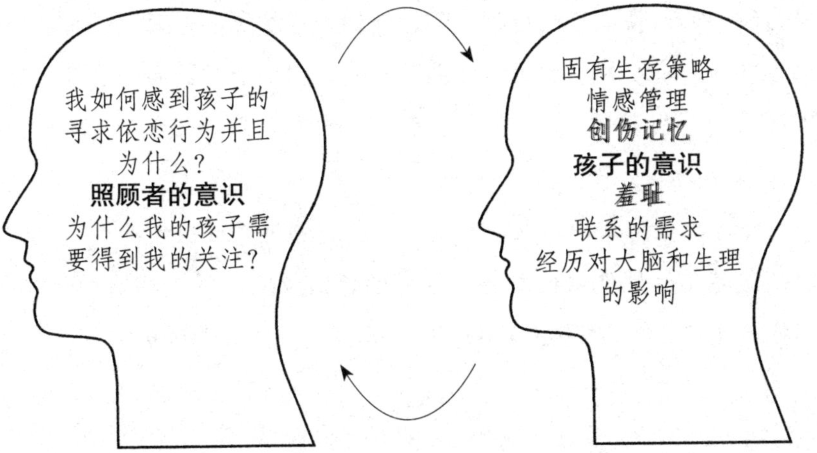

图3.1　寻求依恋的移情行为管理模式

针对照顾者的移情行为管理

下述所有都是预防式策略，可以用来帮助照顾者自己准备好去应对他们自己对于寻求依恋的反应。

针对照顾者的预防式策略

你孩子寻求依恋的行为会使你产生何种感受，为什么？

照顾者的第一个挑战就是重点培养他们自己对孩子寻求依恋的反应的理解。运用表2.11（在第二章中）和表3.2或许有助于照顾者理解孩子的行为和他们自己的合理反应，并且当移情减弱时会有助于增强他们的移情。

为什么我的孩子需要得到我的关注?

如何使他们的行为合理?

照顾者的第二个任务，在他们开始对孩子运用自己的理念之前，努力解决如何使孩子的行为合理。他们曾经经历的、对照顾者和世界的预判一定是一种明智、可变性的策略？很可能对此问题的答案存在于移情行为管理模式“孩子意识”部分所强调的一种或几种影响中（参照表3.6）。

就寻求依恋来说，非常重要的是移情地处理你孩子的行为。关键的部分就是处理你自己对寻求依恋的感情反应，以便移情不会用尽。当你已经确定你的移情正在减弱时，这是特别重要的时机。

新桶

这是一个隐喻，提供一种对待孩子的方法，这些孩子需要照顾者大量的关注。

表3.6 新桶

把努力满足一个发育中曾受创伤孩子的关注需求视作努力装满一只桶，十分有益。

这是一只需要装满的桶，当你拿着它时，它完全是空的，需要花费相当一段时间去装满。你从自己的桶里开始用水把它装满。要持续这么做，你必须确保定期装满你的桶。然而，只有当你得到另一只装满了的桶时，才能向自己保证你能暂时应对一只空桶。你的理由是新桶毕竟比你自己的有更多需求。

只是在你尽职尽责地装了新桶相当长的一段时间之后，你注意到不仅新桶实际上是空的，而且你自己的桶也是空的。你想一想就会意识到，新桶有时装满了但是随后水慢慢流失了。“噢，问题出在哪里了？我这么努力，它却不起作用！”在这一点上，你认为最明智的选择是停止努力往新桶里装水，事实上，或许没有水也不错……

另一种可能就是桶有一个小洞，如果真是这样，或许有一种办法，装满新桶并确保我们的桶也是满的。可是，你需要一些比水更密更多的东西、不容易漏出去的东西。果酱怎么样？如果有足够的时间，果酱仍会漏出去，只是更慢，最终会漏光。种子会聚集在一起，糖会结晶，并且会将新桶的小洞密封住。如果那样的话，更可能的是，桶在没有你帮助下留住水。此外，为确保你的桶不被抽干，你也需要时间去定期装满新桶，但一次用少量的水而不是不断装到顶。

装新桶时果酱比水更有效，但是更难获得，需要更多时间、想法并且不能确保我们有足够多的果酱。然而，如果我们确实想装满这只桶，用果酱可能是最有效的解决办法。

这个隐喻是一种有用的办法，可用来理解如何更成功地满足寻求依恋孩子的需求。不是用通常的办法去关注孩子（水），新桶帮助我们看到，你需要做出更多共同努力，更努力地工作向孩子提供更实在的关注（果酱）。所有这一切仍然是记住你投入的努力和花费在你及你与孩子之间关系上的代价。

针对孩子的移情行为管理

下述策略解决孩子对响应式、可灵活接近他们的依恋人物及定期、可预见的关注的双重需求（参照表3.7）。运用两个因素，即运用来自响应式和预防式移情行为管理部分（如下）的策略，就是能使你的孩子更加独立于你的最强有力的途径。

表3.7　你的孩子寻求与你亲近的动力

思考一下最近你孩子寻求关注/依恋的场景，并回答下述与当时场景相关的问题。

你认为你的孩子当时感觉到是在寻求依恋吗？

也就是，“我的孩子感受到什么才会使这种行为起作用？”

尽力抛开你自己对这种行为的想法和感情，并且调整到孩子的内心世界。这么做时，你或许必须迫使自己写下那些情感，从表面上看，似乎你孩子的感觉是最符合逻辑的事情。

你认为你孩子当时寻求依恋的最大问题是什么？

即，“我的孩子担心做出这种行为会起作用吗？”

再次避开你自己的感情，调整进入对他们行为起作用的遭受虐待的过去。

作为对孩子感情和问题的一种回应，如何使寻求依恋行为起到更好的作用？

在执行这些策略时，照顾者可能会发现在他们开始应付较少的亲近之前，他们的孩子开始寻求更多的依恋。这可能是由于孩子对于新鲜事物的激动或者是孩子已经能够唤醒一种信念，他们需要的真的会消失，因此希望在所有的再次消失前满足自己。通常运用寻求理解孩子内心世界的方法，所呈现的问题在好转之前会变得更糟糕，但是运用这些有序的方法，应该有助于你去应对。

针对孩子的响应式移情行为管理

尽可能给予更多关注

应对一个寻求关注的孩子，第一点就是在不违背自己目标的情况下尽可能多地给予，也就是说，重要的是照顾者不能太累、太失落、太怨恨……以至于他们失去了移情，并破坏他们此前所做的好工作。那种关注实质上是带给孩子和照顾者更加亲密的感觉，理想的情况是两人都对那些事感兴趣，一起欢笑并享受快乐的力量更强大。身体接触在对孩子建立积极经历时也特别有益，因此，不定时地抚摸肩膀和头发十分有用，但是当孩子和照顾者都感觉恰当时，更好的是拥抱和握手。

亲密：细心养育策略

当他们被期待完成适龄的自理任务，例如：刷牙、洗澡时，由于虐待和/或忽视而遭受创伤的孩子通常会寻求关注。如果真是这种情况，那么这可能是一种暗示：这个孩子正在尝试，无意识地，去交流，他们需要从照顾者那里得到亲密的环境，正如本能给予更小一些孩子的。表3.8包括了亲密关注的例子，有助于这类情况。

表3.8　细心养育策略的例子

- 拥抱；
- 帮孩子刷牙；
- 帮孩子洗澡；
- 给孩子梳头（轻柔地）；
- 给孩子涂润肤霜；
- 孩子坐在你膝盖上时给孩子喂东西（就像喂一个婴儿一样）；
- 把孩子举高并让其旋转；
- 唱童谣。

细心培养策略或许是有用的，在这种情况下，对于养父母来说，明智的做法就是与各自的代理机构协商，讨论他们的安全关爱政策。然而，重要的是如果照顾者确定他们孩子的寻求依恋行为与自理有关，那么照顾者应该帮助代理机构理解为什么运用这类策略非常重要。

照顾者应该密切关注孩子寻求依恋的行为以及对这些策略的反应。即使孩子的行为表明这些策略是有用的，并且孩子的预想反应是积极的，当他们试着执行这些策略时，照顾者仍然应该细心了解孩子如何反应。保持警觉至关重要，曾受创伤的孩子或许对于亲密和养育方式意味着什么有着非常不同的、有意识和无意识的想法。

对一个年龄较大的孩子运用这些策略，照顾者会感到有点奇怪，但是试一试并看看孩子如何反应还是有用的，通常令人非常吃惊的是孩子应对培养策略是多么自然。

移情评论

以上“针对照顾者移情行为管理”部分可能已经帮助照顾者理解了他们的孩子为什么从他们身上寻求依恋。照顾者可以将这种理解力传达给他们的孩子，第一，他们理解孩子的行为和感情；第二，他们对行为和感情的理解是什么。这将对一个曾受创伤的孩子非常有价值，因为他们不可能自己理解他们所作所为的原因。简而言之，这就是“移情评论”（empathic commentary）。

我将在其他章节讨论移情评论。无论什么时候运用，遵循黄金原则非常重要（见表3.9）。

表3.9　移情评论：黄金原则

- 努力施予移情。虽然孩子的行为或许使照顾者能感受到什么，但是重要的是专注于孩子的情感和他们的经历如何对情感和行为起作用。
- 对于照顾者来说，重要的是以一种平静、包容的方式试着去反映面部表情和对孩子行为起作用的情感，即使这些各不相同，以及孩子的精力水平也不同。
- 照顾者应该努力用语言，更重要的是用柔和的声音和身体语言去证明他们的移情。

- 照顾者尝试如何传达他们对孩子情感和行为的理解力十分有用。
- 评论时简化并且不要把所说的话复杂化。
- 照顾者没有必要寻问孩子一些问题，如果照顾者所说的是尝试性的，那么他们的孩子将有机会去纠正他们。
- 如果情感模棱两可或者自相矛盾，那么照顾者应该对这种模棱两可做出评论，而不是对孩子的情感状况做出单方面的解释。
- 避免对赞扬或惩罚做出评论，努力保持公正中立。
- “响应式移情评论”（responsive empathic commentary），即在孩子遇到困境期间（during）所用的评论，应该简短、清晰和简练。
- “预防式移情评论”（preventative empathic commentary），即非问题时期的评论，可以包含较长的词汇和较多的解释，但仍然只有一句或者两句话。

对寻求依恋的孩子运用移情评论，将有助于孩子理解平时和特别有压力时他们为什么需要与你亲近。它将使孩子们接受他们自己有与照顾者亲近的需求，过段时间，帮助孩子转移注意力，走向更大的独立。表3.10提供了一些移情评论的例子，照顾者可以用于他们寻求依恋的孩子。

表3.10　对寻求依恋响应式移情评论

下述移情评论例子对于解决曾受创伤孩子的寻求依恋是有用的。运用这些例子想出对你和孩子起作用的表述。

- “天哪，我刚才不能在这里跟你聊天，让你担心了，对不起。”
- “你已经独自待了这么久，好像需要与我亲近亲近，很抱歉我不能始终与你在一起。”

- “你真的能刷干净牙齿了吗？没有大人帮忙，你已经完全能照顾好自己了。我想我帮你的话会更好。”
- “你这么对我大喊大叫！你一定要让大人关注你，是不是？好了，我们走，一起去做有趣的事。”
- “哇！因为我打电话，你已经生我气了！抱歉你没有在全部时间里得到我的所有关注。这对你来说太可怕了，真的感到不公平吗？”

依恋代替品

照顾者无法给孩子渴望的关注时，并在运用移情评论帮助孩子理解他们自己的行为之后，照顾者或许希望试一种“依恋代替品”（attachment surrogate）。

依恋代替品的形式可以多种多样，但是本质上，应该是一种当照顾者和孩子产生分歧时能架起他们之间桥梁的物体。它可以是一件孩子随身带着的可爱玩具，这件玩具应该成为照顾者与孩子之间关系的组成部分，例如，照顾者和孩子在不同时期都曾喜爱并照顾过的一只泰迪熊。

另一种依恋代替品是给孩子一件他们都知道在某种程度上对照顾者来说特别重要的物品。这将给孩子传递一个信息，即使照顾者不能与他们在一起，或者当时不能给予他们关注，但知道他们会再次见到他们的照顾者，因为他们需要拿回重要的物品，或者至少知道这件物品是安全的。

有时，发育中曾受创伤的孩子找到一件代替品就会想起他们的照顾者，这是克服他们需要立即关注的有用办法。例如，晚上，有一件有他们照顾者味道的物品，甚至照顾者白天穿过的T恤衫陪伴他们睡觉，就是一种安慰。其他的例子比如，孩子和照顾者在一起的一幅图片，或者录有照顾者讲故事或向孩子发的一个信息的声音。任何能架起照顾者与孩子之间桥梁并进入孩子意识中的事情都可以成为依恋的替代品。

帽贝游戏

孩子寻求依恋时，帽贝游戏为照顾者和孩子提供了一起玩耍的机会。照顾者可以把这个游戏作为一种响应式或者预防式策略，以应对寻求依恋行为。如果帽贝游戏作为一种响应式策略来用，那么照顾者首先应该用移情评论，向孩子传达他们理解孩子的行为是他们需要与照顾者亲近的结果以及照顾者这样认为的理由。

帽贝游戏让照顾者和孩子身体亲密接触10分钟。如果孩子太小，他们可以站在照顾者前面，并且紧贴着照顾者的腿。游戏进行到一半时就会解决照顾者和孩子如何才能最亲密地在一起，像一只帽贝一样！照顾者和孩子必须坚持在一起整整10分钟，两人处于同一队列中并且两人必须共同努力。尝试把它看作一场竞赛，但是你们一起努力非常重要，所以重要的是不能笑场或者试图逃跑。

照顾者与孩子一起制定规则时，他们应该表现出激动和热情，让并列在一起的孩子参与到游戏中。照顾者和孩子可以一起设置一个提醒的计时器。双方应该一起决定他们必须完成的任务，同时他们得紧贴在一起。这可以是能引起回忆的任何事，甚至实际任务，例如，挂晒洗完的物品或者洗涤物品。任何任务只要不危险就行。

过了10分钟，帽贝游戏结束，但是照顾者和孩子可以一起洗涤物品，或者做其他事情，但不需要持续的身体接触。

如果他们同时都渴望得到关注，照顾者和两个孩子可以一起玩帽贝游戏。

针对孩子的预防式移情行为管理

预测孩子的关注需求

通常孩子寻求与照顾者亲密的需求可以预测。实际上，在孩子的关注需求升级到照顾者无力应付的地步之前，确定这种需求非常重要。所以，如果照顾者能够读懂这些暗示，将有利于在孩子的行为出问题之前给他们一些集中关注。你可以运用本章建议的任何策略或者其他你提出的建设性解决方案，读懂并理解孩子寻求关注行为背后隐藏的理论。

依恋时间菜单

对于渴望照顾者关注的发育中曾受创伤的孩子来说，“依恋时间菜单”（attachment time menu）是一种策略，用来预防孩子寻求依恋的行为。

依恋时间在照顾者和孩子一起度过的一周安排中是一段很短的时间。照顾者应该规划出定期与孩子一对一待在一起的时间。我建议，对于年龄大一点并且有意识配合的孩子，从每天一小时开始就行。对于年龄较小并且努力得到持续关注的孩子，增加20分钟会更好（但是尽量长时间黏在一起）。

依恋时间应该是一天中的预设时间，当时照顾者知道他们能够把时间完全投入到孩子身上。不止一个孩子的照顾者或许需要找到一个时间，这个时间其他人可以照顾其他孩子或者至少你能确保他们会专心于自己的事。尽可能避免被打断或者分散注意力，例如：电话应该被拔掉或者关掉，这对于照顾者能够把注意力完全集中到孩子身上非常重要。依恋时间应该远离其他家庭成员，并且在一间没有任何电子产品如电视机等打扰的房间内。

当照顾者确定好进行依恋的时间和地点时，照顾者和孩子开始决定进行他们清单上的那项活动。对于照顾者来说，与孩子坐在一起并参与一系列活动十分有益。这些活动可以是共同分享的任何事（参照表3.11中的例子），但不包括家务活。家务是需要成年人指导并且孩子不会一直感兴趣的事。依恋时间内应该充满乐趣并且由孩子主导。照顾者应该与孩子分享，并做出评判，如果必要，把启动依恋时间的地点和时间及详细活动写下来，有助于巩固孩子对依恋时间的节奏性和预见性的理解，例如，在日历或者孩子的日记本上记录，抑或写在一张便签上并贴在冰箱上。

表3.11 依恋时间清单中活动的例子

- 玩积木。
- 猜谜语。
- 与人物玩具的虚拟游戏。
- 球类游戏。
- 蹦床游戏。
- 画脸谱。
- 化妆和发型设计。
- 棋盘游戏。
- 弹乐器。
- 向另一人讲故事。
- 电脑游戏，鼓励照顾者和孩子互动。

运用依恋时间时连贯性非常重要。任何闪失都可能导致孩子对与照顾者之间这项活动的可靠性产生质疑，因此会加速孩子寻求依恋并对照顾者与孩子之间的关系产生负面影响。依恋时间可以很简单，只需要照顾者、孩子、已达成一致意见的活动用品清单和一间安静的屋子。如果有任何不可避免的变化，虽然这种情况很少见，照顾者应该彻底安抚好孩子，并运用移情评论，帮助孩子应付变化可能引发的难过。

制定依恋时间清单时，照顾者应该与孩子一起思考孩子愿意和照顾者一起参与的所有活动，并把每项活动都写在卡片上。任何有助于孩子感到自己是依恋时间主人翁的事都是好事。从依恋时间清单上选择至少十项活动比较有益，用一个盒子或者袋子专门安全保存这些卡片。

一旦有集中的依恋时间，照顾者就应该鼓励孩子从依恋时间清单中选出一些活动，共同去完成。然而，照顾者应该判断多少活动可以填满他们协商好的时间。

照顾者可以帮助孩子充分享受这个时间，并且尽最大可能一起开心地玩。照顾者可以定5分钟和2分钟的闹铃，帮助提醒孩子依恋时间接近尾声了。依恋时间的结束对孩子来说是相当紧迫并且心烦的事。这样的话，照顾者可以提醒孩子他们很快还会有依恋时间，并且把他们的注意力集中在下次依恋时间上。照顾者甚至可以鼓励孩子设想下次他们可能选择什么样的活动。

过段时间，照顾者就会发现他们的孩子需要依恋的时间越来越少。几个月过去，他们的桶很少再漏（参照表3.6），每周可以减少依恋时间。然而，重要的是照顾者在针对孩子的寻求依恋行为做决策时得到了引导。只有孩子寻求依恋越来越少时，照顾者才能减少活动次数。我们已经说过，把依恋时间结合到日常生活中并且在某种程度上长久保持下来十分有益。

依恋时间：交通信号灯系统

“交通信号灯系统”（traffic light system）对于特别需要照顾者关注和亲近的孩子是一个有用的依恋时间辅助手段。这是一种能使依恋时间得到响应和预防并帮助孩子就依恋需求直接与照顾者沟通的方式。

运用交通信号灯系统，照顾者需要给孩子提供可以携带的小小红黄绿卡片。照顾者会发现安放一些在房子周围，当孩子需要时能很快拿到。这些卡片的意义将在表3.12中详细叙述。

表3.12　交通信号灯系统：卡片的定义

红色：	“我现在需要你的关注！” 制作卡片时，照顾者应该停止他们正在做的事，把一些精力用在与孩子的接触上：他们或许需要一个拥抱，或者一些其他即时性安慰。照顾者可以运用移情评论，去试着告诉孩子他们理解孩子们的感情需求，并且照顾者为什么这样认为。 照顾者应该尽可能多地给予孩子关注，并且对孩子口头和非口头的交流做出回应。几分钟之后，孩子可能就会感觉好一些，然而，在某种情况下，可能需要一些时间。如果，在照顾者做出即时反应之后，他们无法给孩子他们需要的那么多时间，那么照顾者应该帮助孩子理解他们完成工作之后，会有更多的时间继续与孩子在一起。这一定不要忘记。
黄色：	“当你完成你手头的事情时我需要你的关注。” 制作黄色卡片时，照顾者应该尽可能准确地告诉孩子，孩子需要等多长时间，照顾者就可以给予孩子他们需要的时间。这个时间应该在孩子拿上卡片的一个小时之内。黄色回应时间到来时，照顾者可以遵循红色卡片（上述）规定的指导方针。
绿色：	“我让你知道我可以专注地做，但我认为我可以等到下

次依恋时间。”

当孩子拿出绿色卡片时，照顾者应该意识到，在没有依恋时间时，孩子正艰难地处理他们的感情，但是他们需要一点点支持。例如，照顾者可以鼓励孩子加入他们正在做的事情中，或者鼓励其他人花一些时间陪伴孩子。

一旦照顾者帮助孩子理解了这些卡片的意思和如何使用，相信孩子会正确向照顾者传递卡片，便于需要时交流他们的依恋需求。

许多照顾者怀疑这种方法，因为他们想象他们的孩子只会用红色卡片，并且不断地需要即时关注。这种情况有时会有，但该练习的典型力量很快会消失，事实上，这只是启发孩子理解照顾者如何响应他们需求的一个组成部分。令人惊奇的是，这个技巧是多么有效果，并且孩子对于卡片是多么诚实和爱惜。交通信号灯卡片由孩子使用，结合照顾者的移情评论，将帮助孩子内化他们对于亲密合理需求的理解，还会为孩子寻求依恋需求如何发展提供一个切实的模式。

交通信号灯卡片原理也可以用于那些没有认识能力去使用真实卡片的孩子。照顾者可以运用交通信号灯指导方针，去评估孩子需要关注的层次，但在这种情况下，照顾者需要诚实地读懂孩子的情感和行为，并做出相应的回应。运用这个版本的交通信号灯系统时，很难不受到诱导，根据照顾者最容易给予的关注层次做出回应，而不是对孩子的实际需要层次做出诚实评估。迄今为止，给孩子控制卡片是最好的选择，如果照顾者没有使用后来的版本，那他们应该非常谨慎，防止这一缺陷，即他们自己决定孩子需要的关注层次，而不是回应他们的暗示。

表3.13 记住关于寻求关注与寻求依恋的事情

理解它为什么会起作用

- “寻求关注”这个短语把人们引入奖惩思维，并阻止移情思考的能力。
- 婴儿需要关注的量令人难以置信，为了：
  - 远离掠夺者；
  - 确保给他们喂食物；
  - 使他们的大脑发育成应该的那样；
  - 培养认知和管理他们自己感情的能力；
  - 培养积极理解自己的能力；
  - 培养积极理解关系的能力。
- 总是受到虐待和/或忽视的孩子没有得到足够的、优质的关注。
- 没有得到足够关注的孩子会持续需要关注，基于上述所有理由，直到他们的需求得到满足。
- 寻求关注，在发育中曾受创伤的孩子中，就是寻求依恋。
- “寻求依恋”这个短语有助于人们感受更多的移情，并驱使人们理解这种行为为什么会发生。
- 发育中曾受创伤的孩子需要的依恋经验和照顾者给他们的一样多。
- 给曾受创伤的孩子足够多的亲近和依恋经历是非常困难的，并且会导致照顾者失去移情并放弃。

理解要做什么

- 针对照顾者的移情行为管理
- 预防式策略：
  - 照顾者需要彻底理解他们孩子的寻求依恋行为是如何使他们感受到并且为什么。

  - 照顾者需要理解孩子为什么需要他们的关注以及他们的行为如何起作用。
- 针对孩子的移情行为管理
- 响应式策略：
  - 照顾者应该尽可能多地关注孩子，与此同时，仍然对他们自己的限制保持谨慎。
  - 亲密的层次可以通过专心的养育策略得到增加。
  - 移情评论（这也可以用于预防式策略）。
  - 依恋替代品。
  - 帽贝游戏。
- 预防式策略：
  - 孩子的关注需求可以优先转化成交流和身体语言。
  - 依恋时间清单。
  - 交通信号灯系统。

第四章

红旋风（极度愤怒）

Why

can't

My

child behave

面对不可预测的狂怒，人类生理会产生冲动、生气、攻击性的反应，同时意识到这些反应、它们对养育产生的影响以及照顾者建立的感情不会消失，除非他们使用了一种移情的办法。

我被要求提供帮助时，一个最常见问题就是照顾者由于虐待和/或忽视而遭受创伤孩子的“暴怒”或“彻底崩溃”。这些在曾受创伤孩子的生活中可能是一些最悲伤、令人害怕、最令人困扰的问题了。

曾受创伤的孩子生气不同于其他孩子的生气，这是一个复杂问题。这种生气一开始通常比较极端、突然，从暂时和长远来看，照顾者更难以去阻止。我把这种类型的行为称作“狂怒”。这些不同于生气，因为他们通常超出了控制范围。在本章的标题，我用“红色风暴”来作比喻，因为当孩子们处于狂怒状态时，这是一种孩子与其周围世界分离情况下的有效交流方式。

这些孩子也可以被称作是具有“双重人格”（Jekyll and Hyde）的孩子，因为他们似乎非常容易被激怒，并且通常很快就会恢复。照顾者非常生动详细地向我描述他们孩子狂怒时的生理变化。一位照顾者说，“真的就像眼睛的颜色发生了变化一样”，另一位描述称不认识她的孩子了，“脸似乎都变形了”。这些变化是合理的，虽然很难相信更不必说理解，这可以解释为人在极端恐惧下为了保护自己体内发生的深刻生理变化。眼睛的瞳孔放大，向周围环境释放更多的光和更多的信息，脸部肌肉紧绷变形，形成了更加可怕的面容。

照顾者理解如何有效并带有移情地处理狂怒十分有益。然而，在一些比较极端的情况下，尤其是如果照顾者相信他们的孩子、他们自己或者其他任何人处在危险中，针对狂怒，明智的做法是寻求甚至治疗支持基础上的依恋。

什么是红色旋风

在发育中曾受创伤的孩子中，狂怒的类型各式各样。下述例子展现了曾受创伤孩子狂怒的严重性和特点。

凯拉（Kayla）

凯拉是一个5岁小女孩，与她的单身养母黛安（Diane）住在一起。凯拉两岁半时，她的父母被发现无力照顾她，黛安开始托人照顾。凯拉的父母一直在使用非法毒品，由于那种生活方式，大量陌生人进出他们的房子。在呼救之后，警察来过几次这个年轻的家。总之，因为这些事情，凯拉的父母在很大程度上无力抚养他们的小女儿。

黛安要求凯拉做事情时，她的狂怒是最严重的。在与另一位专业人员的合作下，黛安接受运用奖惩策略的训练：在她严格并且持续的指导下，凯拉听从指导时就奖励她，发怒时就不理她。黛安非常努力地运用这些策略，但是发现凯拉的怒火升级了，例如：踢打黛安并且尖叫，甚至引起邻居们的抱怨，不可能不去理她。担忧日益增加，黛安愿意与专业人员共同应付，并且她有能力接受建议运用奖惩策略对付凯拉的怒火。所有成年人都会有挫败感，因为两年之后，凯拉的狂怒脾气根本没有减弱。

遇到她的第一次，我观察过凯拉的一次狂怒爆发。当时正值换季，黛安坚决但并不严厉地要求凯拉把外套穿上，因为快要换季了。凯拉反对，黛安按照她接受的奖惩策略做了。她平静地坚持，虽然看上去极其焦急，为凯拉把外套穿上。凯拉失声尖叫，一会生气一会微笑，然而，有一个小小的疑问就是她特别忧伤。凯拉回应养母的方式就是背靠墙站着，继续撕心裂肺地叫，并把头往身后的砖墙上撞。

莎拉（Sarah）

我在第一章中谈过一点莎拉和她长期的养父母西蒙和雷切尔的事。莎拉是一个可爱聪明的7岁小女孩。不同时期，她一直和她的母亲、父母和母亲的伴侣住在一起。可以想象，她的母亲和其两个伴侣之间可能会存在家暴。当她的母亲应付不过来时，她每次都与她的几个家庭成员住几天、几周或者几个月。在当地政府部门介入之后，莎拉与祖母住在了一起。然而，在她18个月大的时候，这个住处坍塌了，她就搬到了西蒙和雷切尔的住处与他们一起生活。

我看到莎拉狂怒是在她与父亲定期联系之后的一个星期，并且是在她生日之后的两天里。西蒙说莎拉似乎非常主动地与她父亲联系，并且他们在一起很愉快。据说莎拉回家时很愉快，并且谈了许多她与父亲一起度过的时光。西蒙解释说莎拉的生日过得也非常顺利，她与几个朋友在外过了夜，养父母的家庭成员探访了她，并带给她卡片和礼物。不幸的是，她的父亲许诺过，但没有给莎拉送生日卡片或礼物。雷切尔告诉我莎拉似乎没有注意到并且也没有提及此事。

在我与莎拉的养父母结束谈话之前大约15分钟，莎拉要求西蒙稍微挪动一下，坐在地板的另一处，方便她坐在他的膝头。他挪了一点并表示他愿意莎拉坐在他的腿上。莎拉开始对西蒙大喊大叫，因为他没有把腿移过去足够多的位置。西蒙和雷切尔鼓励莎拉坐下来，并且解释说西蒙不能再挪动了，并且坐着还是很舒适的。莎拉很快升级到狂怒，哭喊、尖叫、冲撞养父母，后来跑到浴室，把东西扔得到处都是，最后把一个装淋浴液的玻璃瓶砸碎了。

西蒙和雷切尔最初对莎拉狂怒的回应是重复西蒙不能像她要求的那样挪动双腿的理由，但最终他们被莎拉的无理取闹惹怒了，西蒙不让莎拉坐在他的膝盖上了，然后莎拉的怒气升级了，她说她的养父母总是对她不好，他们不喜欢她，并且雷切尔还打了她，当时雷切尔想轻轻地摸摸她。莎拉通过可以理解的麻烦事和合理的逻辑进行了各种指责，雷切尔和西蒙对此回应称“我要求你坐在我膝盖上！你究竟为什么认为我不想让你坐？”“我没有打你，莎拉！”他们也通过奖惩思维回应莎拉的挑衅和危险行为，即运用一种严厉高调的声音“不要扔东西，莎拉！”和干涉性的行为，例如，莎拉向西蒙升起一只手，他抓住了她的胳膊，因此她无法打到他。当莎拉重新回到浴室，在她开始砸东西之前，她的养父母生气、愤怒地对彼此说，不可能再照顾莎拉了。

在凯拉和莎拉的情况中，照顾者告诉我的上述情况是孩子们狂怒的典型案例。他们还分别描述过，很典型，在这类爆发之后，各自的孩子会以他们生气而又担忧的速度回归幸福正常的生活。

凯文（Kevin）

凯文是一个10岁的男孩，与他的养父母休（Sue）和乔（Joe）以及三个年幼的同胞弟妹住在一起。在他从他的亲生父母那里搬来之前，被发现凯文和他的弟妹频繁遭受极端的家暴和身体虐待。此外，由于他母亲的感情和精神健康问题，他在许多方面都扮演着他母亲和弟妹保护者的角色。

休叙述了凯文最恶劣的一次暴怒情况。在怒气得到控制前的一个晚上，凯文一直挨着休坐在沙发上和家人看电影。凯文在沙发上与休挨得非常紧，休感觉需要一些空间，就要求凯文移过去一点。第二天，休偷听到凯文在隔壁屋跟他6岁的妹妹说话，告诉她“去，把我的运动鞋或者别的东西拿来”。休做出的反应是走过去向凯文重复他刚说过的话。休问他俩发生了什么事，在没有任何前提条件的情况下，休告诉凯文，用一种严肃、平静的语气，他不应该用那种方式对妹妹说话，如果他想要运动鞋，他应该自己去拿。休走远之后，她听到凯文说“滚蛋，蠢猪！”休返回房间并且非常生气地高声问他刚说了什么，她向他喊道不要咒骂她，然后把他送回了他的房间。

20分钟之后，休去凯文的房间看他，想讨论此事。不是像休希望的那样安静下来，凯文变得更加生气。当他看到她时，他移到了床的另一边，并且对她谩骂、喊叫，让她走出他的房间。休一直在试图坚持自己的权利，一边训斥凯文一边靠近他，当她更接近凯文时，凯文在床上又伸胳膊又蹬腿，踢打她。休描述凯文当时的状态称“就像一只野兽”，她被迫去阻止他，防止他伤害他自己。她这么做的同时，还叫其他的孩子去叫她成年的儿子达兰（Darren），他与他们住在同一条街上。

达兰到了，他走进卧室并对凯文大声说：“你到底在做什么？你如果伤害我妈妈，你就当心点！”休向我解释说，当达兰这么说时，凯文身体的肌肉“似乎放松了并且他平静了”。

凯文发狂之后，对自己所做的事感到非常遗憾和羞愧，一个劲地向他的养母道歉。他告诉她，他是一个可怕的男孩，他不再因为她不再爱他而责备她，并且会尽力帮助她，积极做一切他能想到的家务活。一个小时之内，凯文回到他的房间，躺在床上很快就睡着了。休向他谈到他曾经攻击她时，他说他什么也不记得了。

应对愤怒爆发的典型奖惩策略

正如上述例子所展示的，在怒气爆发最激烈的时候，照顾者通常会本能地运用奖惩思维。毕竟，这正是成年人被不断鼓励对孩子的“坏”行为使用的方式。

凯拉的养母黛安关注凯拉的行为，并且非常努力地去落实连续的、毫不妥协的指令，这些指令尽管遭到凯拉的抗议也不会改变。黛安还用身体干涉的方式巩固她设立的界限，例如，走过去给凯拉把外套穿上。

莎拉的养父母西蒙和雷切尔通过各种奖惩策略阻止莎拉的“坏”行为，这些策略包括提高声调阻止她的行为。他们只关注莎拉发出的口头信息，而不是用莎拉的非口头信息去理解她的意识状态。可以理解的是，他们通过否定她的辩解，防御性地回应她针对他们的辩解。

至于凯文，休回应凯文的狂怒，通过运用个人空间界限、高声说话、并把凯文送回他的房间的方式，阻止不可设想的行为。最后，休已成年的儿子达兰用身体威胁来试图防止凯文几乎不可能重复的危险行为。

在所有这些例子中，养父母对孩子生气、害怕和/或者感到无望这些感情信息都是做出本能反应，而没有理解这些感情信息意味着什么。结果就是那些情况都由感情所主导和驱使，然而在每个例子中，焦点只集中在行为上。感情交流被完全挤压到外围，然而正是这些感情引发了冲突。

发育中曾受创伤的孩子，由于婴幼儿时期缺乏孩子情感所需要的移情，他们的感情和行为通常非常不连贯。这类孩子狂怒时，从感情方面来讲，我们看到的可能不是最具挑衅的问题行为，关键是承认并同时回应这种感情和行为。

弄清楚愤怒爆发的意义

从移情行为管理模式（图4.1）来看，寻求理解发育中曾受创伤孩子的狂怒时，要思考的最重要因素就是固有的生存策略、经历对大脑和生理的影响、感情管理、创伤记忆和羞愧。

固有的生存策略

孩子们通过极端生气来反应时，总是在根据自己的恐惧做出回应。

在这种情况下，恐惧不只是害怕身体的伤害，而是害怕被遗弃、拒绝、批评等。狂怒是孩子对他们身体和/或感情危险环境的一种暗示反应。捡起这些暗示并把它们转换成攻击性行为的能力，甚至像一只野兽，为提高孩子的安全感提供了无价的机制。

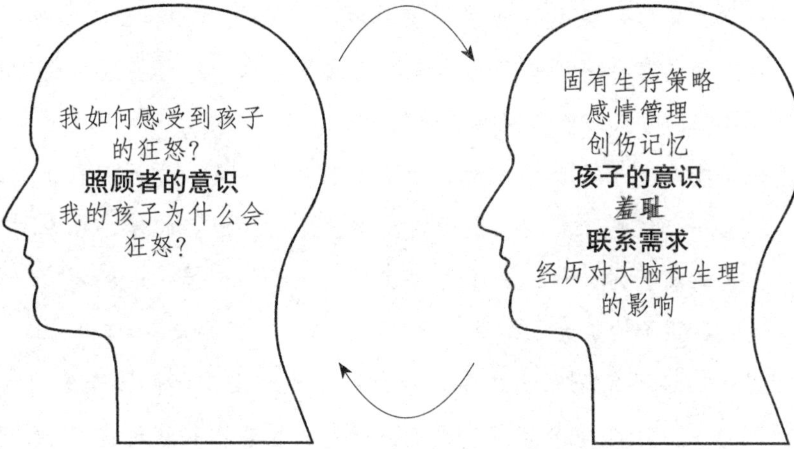

图4.1　狂怒的移情行为管理模式

当孩子在安全的环境下，狂怒的诱发因素不是成年人所理解的会导致害怕的那些典型事情；这是因为这类孩子学会了预测，并且因此在恐惧事件之前做出反应。如果孩子已经在等待过分恐惧的行为开始，那么他们几乎没有足够的时间去保证自己的安全。因此，一直经历长期恐惧的孩子已经学会解读环境的细微差别、周围成年人的行为以及给他们最大可能去反应的时间等。有许多类经历在婴儿时期都会导致恐惧（参照表4.1）。

表4.1　婴儿恐惧的原因

长期处于下述任何一种情况都会导致非典型的皮质醇水平，因此改变婴儿的大脑发育：

- 忽视：婴儿需要持续看到一位照顾者，因此缺乏响应式的照顾对一个婴儿来说非常恐惧。
- 身体虐待：身体受到成年人的伤害，当然，对于任何人来说都是一种恐惧，但是对一个婴儿来说就是恐怖。
- 粗暴处理：例如，过度兴奋地玩耍，感觉迟钝、粗心地处理。如果没有注意到孩子暗示他们能忍受什么，一个婴儿被接触和举起的方式可能会使孩子受到惊吓。
- 其他的生气/恐惧：例如，家暴。其他人因为亲近而使孩子受到惊吓，这意味着他们很少注意到孩子的反应。此外，在面对自己的痛苦时，他们更不可能注意到孩子的痛苦。他们还有可能吓到孩子的是大喊大叫、扔东西、摔门、突然的举动。

以上所述不仅适用于成年人的行为，也适用于其他孩子的行为，认识到这一点十分重要。年龄大的孩子不受监督，在这种情况下，他们的行为可能导致幼小的弟妹受到惊吓。

在曾受创伤孩子的早期生活中，在令人恐惧的环境下确保孩子的安全，控制一直起着重要作用（这一点在第七章中有详细探讨）。因此，一个曾受创伤的孩子摆脱控制（例如，限制装置、各种界限）或许会减少恐惧。当然，作为成年人，我们不可能本能地考虑到某些事情可能导致恐惧，正如对第三块巧克力饼干说“不”一样没有害处。然而，通常会发生这种情况。保持控制会一直成为使孩子在过去非常恐惧的环境中确保安全的组成部分。因此，任何有效养育的尝试都可以被早期经历过恐惧的孩子觉察到，就像试图把他们放到一个易受攻击的位置上一样。

狂怒也可以由普通的父子矛盾引发。如果是这种情况，那么它表示孩子已经不自觉地相信父子冲突存在潜在危险，并且由此感到害怕。

经历对大脑和生理的影响

一个孩子长期处于恐惧中，这会影响他大脑的发育，尤其会影响应激激素、皮质醇的处理方式。这种对皮质醇的非典型生理反应意味着狂怒更可能在受到压力时引发。

长期处在危险和因而恐惧中的婴儿，会产生过多的皮质醇。然后大脑会通过两种可能的方式做出反应。孩子的大脑可以什么都不做，皮质醇用它能进行的最好方式去处理，另一种选择就是大脑关闭一些皮质醇受体，便于孩子的大脑更少地对皮质醇做出回应。

关于这两种反应对孩子行为的影响方式目前在科学界还存在一些争议。然而，最主流的一种理论表明受过创伤孩子的大脑不会对皮质醇做出相应反应，但它会平衡两种方式（梅森，2001年）。

有一些证据表明，大多数容易狂怒的孩子皮质醇水平很低（因此他们的许多皮质醇受体将会关闭），而不是人们期待的很高（麦克伯耐特，2000年)。这表明如果我们理解这类孩子可能会回避感情，并且会压制自己的感情，这可能会引起反弹效应，强迫他们的愤怒大爆发，而不是逐渐得到释放。

研究也表明，有长期受恐惧和暴力经历的孩子有暴力倾向，并且有潜在的攻击性，比其他孩子普遍。因此，狂怒可能由对攻击的过分敏感和对面部表情和说话语气的误解而引起（德容何，2005年）。

感情管理

理解发育中曾受创伤孩子管理自己感情的困境，可以增大我们对他们狂怒的解释（记住第一章中的入厕训练分析）。如果一个孩子没有任何内在和外在的手段，去调整他们自己的感情反应，那这些可能会非常极端，这类孩子的感情自动调节器可能非常有限，即，不是“开”就是“关”。

把一个发育中受过创伤孩子的狂怒看作一个婴儿的哭泣，但是外加更大的肉体和谈论爆发机制的能力，这会十分有用。二者都是极度痛苦未得到缓解并且把这种痛苦和其引发原因分离了的表达，是任何关于他们的痛苦及如何克服它的理解。

总体来说，我们期待孩子能够既考虑到他们“生气”背后的原因，又试着去控制它。孩子对成年人期待的理解，结合他们把痛苦的性质和原因分离开来，通常会给孩子的愤怒提供理论基础，例如：“你总是让我害怕！”在那个阶段的理论基础不可能是准确的，但它或许会更好地满足成年人的期待，即使我们不会接受孩子的解释。正是这个原因，当问到时，一个孩子会对其行为产生不准确但在某种程度上明智的解释，例如莎拉的辩解，说雷切尔打了她。如果是真事，那么这个理论基础会弄清楚莎拉极端痛苦的意义。

此外，孩子通常会运用他们周围的逻辑主观理解他们的狂怒。与理解他们自己的合理愤怒感相反，狂怒的孩子会相信这种愤怒证明他们自己“真的”天性“坏”。正是这个原因，养育这类孩子最重要的方面就是确保你承认孩子的合理痛苦，并把它与实际原因关联起来。

创伤记忆和羞愧

创伤记忆和羞愧也包含在狂怒中。孩子们通常不记得他们的狂怒，因为在压力下，他们的大脑会以感官的方式处理各类事件（参照第一章）。这意味着这些记忆无法从口头上获得，因此不能用一种有组织的方式理解，不可能被说出来。正如你在我关于凯文狂怒的描述中看到的，他没有能力控制自己的行为，结合奖惩策略的运用，意在向他传达出它应该是可控制的，导致他对性格中曾受创伤的后续羞愧和自我厌恶。

重要的是理解愤怒是对恐惧的一种非常明智的反应，就发育中曾受创伤的孩子而言，恐惧是由生气、拒绝和/或遗弃而引起的。因此，可以理解的是孩子们把愤怒和他们的早期经历结合在了一起，并且对早期证明过的事情做出反应。

愤怒爆发和你

狂怒可能是照顾者面对发育中曾受创伤的孩子最难处理的一种行为。他们通常激起照顾者（和专业人员）的某些非常具有挑战性的感情，比如生气、愤怒、无望、无助、失败感、沮丧、被压倒感、恐惧、威胁、拒绝等。狂怒是如此直接和紧急，以至于他们也可以使照顾者失去阻止和思考如何应对的能力，只剩下本能反应（表4.2和表4.3）。

由于许多典型的行为是由早期虐待和/或忽视引起的，在某种程度上，照顾者可能会感受到他们孩子的狂怒是精心设计、图谋去控制和操纵，而不是他们经历的初期反应。

由于狂怒的强大力量和他们可以激发照顾者的反应，他们充分探索针对照顾者的“移情行为管理”策略，去防止受压的开关转换成不受欢迎的养育方式，这极其重要。

表4.2　关系复制：超级唤醒

出生家庭经历

成年人：吓唬时，如喊叫、愤怒和暴力。	→	孩子：害怕并且极端愤怒以保护自己，例如：喊叫、愤怒和暴力。

父母对孩子采取的方式是持久/恰当地吓唬，例如，喊叫、愤怒和/或者暴力。孩子的恐惧反应变得超级对抗，以至于为了保护自己，他们对任

何攻击性的暗示都会攻击性地反应，例如，通过喊叫、愤怒和/或暴力。

代养家庭经历

孩子：		成年人：
毫无预料地被激怒。	→	由于照顾者自己的恐惧，如喊叫、批评、训斥和/或愤怒而造成的不可预料的愤怒和反应，引发震惊和愤怒。

孩子的恐惧反应超级敏感，所以当受到惊吓时，运用默认愤怒的无意识策略。因此，孩子对任何攻击性的暗示都采取攻击性的反应，如：喊叫、训斥或者批评，为了保护他们不受已经感觉到的攻击。照顾者对于无端的攻击感到吃惊、愤怒，因此通过喊叫、愤怒、批评和/或羞辱孩子，基于自己的恐惧而做出反应。

总结：恐吓的养育方式导致孩子对威胁做出超级反应。孩子无意邀请照顾者吓唬他们，照顾者接受了这一邀请。

表4.3　关系复制：感情管理

出生家庭经历

成年人：		孩子：
感情失调、暴力和/或者无法接近。	→	感情难以管理，如他们的感情非常极端。

父母既不让孩子从感情上接近又不能管理孩子的感情，所以孩子无法学会如何管理自己。结果是孩子的所有感情反应都会加剧、极端和令人害怕。

代养家庭经历

孩子：
感情上不会管理，如感情非常极端。

→

成年人：
把感情极端视作行为问题，不加以协调，并且忽视孩子的感情需求。

孩子的感情难以管理，即他们的感情极端、暴力、不可预测、无理和具有挑战性。照顾者感到无力承受感情和行为强度，因此逃避或者看不见隐藏在感情反复无常下面的感情困境。

总结：失调的养育方式导致孩子形成极端感情反应。孩子无意识地邀请照顾者不要管理他们的感情或者在感情层面加入他们。照顾者接受了这一邀请。

没有移情地回应愤怒爆发所带来的后果

我们探索狂怒的逻辑和如何更好地对孩子的早期创伤做出回应。我也给出了关于典型方式的例子，狂怒通常通过本能和运用奖惩策略而不是移情驱使的策略来处理。

思考运用奖惩思维回应发育中曾受创伤孩子的狂怒十分有用。我已经间接提到了一些潜在的后果，但表4.4中列出的更加详细。

表4.4　没有移情地回应愤怒爆发所带来的后果

当运用奖惩思维处理发育中曾受创伤孩子的狂怒时，即，没有理解为什么爆发并且对原因没有移情，这会对孩子的感情和心理健康造成后果。

- 成年时会继续狂怒。孩子从来没有学会管理他们的感情，所以会把这一困境带到成年。
- 自尊心很弱。缺乏理解和控制他们自己的行为，导致羞愧和自责，导致自尊心很弱。
- 沮丧。孩子对他们自己缺乏移情，导致自我判断和潜在的沮丧。
- 自我伤害。这是一种在缺乏内部调节过程的情况下管理感情的方式，这种调节过程是通过人与人之间的各类关系形成的。
- 分裂性的无秩序状态。持续的无力管理感情需要从心理上做出选择。这会形成分裂性的无秩序状态。
- 精神病征兆（例如：幻觉和错觉）。把“感知的现实”，即极端悲伤，和“所理解的/叙述的现实”即悲伤从表面看没有逻辑原因分离开来，这会导致多重现实的心理经历。

移情行为管理策略：愤怒爆发

针对照顾者的移情行为管理

针对照顾者的响应式移情行为管理

狂怒通常会引发最有力的邀请，对我们孩子的行为做出本能反应。面对无可预测的攻击，人们会脱离大脑最前端的部分，而运用最原始、关系到生存的部分。因此，对于照顾者来说，重要的是通过阅读本书的前两章，通过那些练习培养自我意识，防备可能的狂怒。这有助于照顾者稳定他们大脑中最原始的部分，重新进入大脑中更加可控、合理的部分。

面对不可预测的狂怒，人类生理产生冲动、生气、攻击性的反应，同时意识到这些反应、它们对养育产生的影响以及照顾者建立的感情不会消失，除非他们使用了一种移情的办法。简言之，感觉生气、无望、无助等都是绝对可以的，但重要的是把这些感情理解为通过某种方式去做某事的邀请，而不是必然的养育死胡同。

对于照顾者来说，重要的是记住而不应该试图否定他们对自己或者孩子的情感反应。照顾者应该努力去感知自己的情感反应，便于他们能够帮助孩子也这么做。任何否定或者完全掩盖照顾者反应的企图只会导致无诚意的交流并进一步造成情感障碍。总之，照顾者应该有目的地使他们的口头和非口头交流保持一致，并且对导致孩子狂怒的情感持有移情。

针对照顾者的预防式移情行为管理

使狂怒形象化（只对照顾者而言）

这项技能背后的理念就是把问题视作与孩子完全分离的整体，允许照顾者在不带负面感情的情况下去审视狂怒，这些负面感情会主导他们与孩子之间的关系。

对于照顾者来说，第一步就是决定他们如何称呼狂怒，它们应该得到一个名字，就像通过某种方式把它们压缩成胶囊，可以称作愤怒、爆发、崩溃等，或者照顾者可以起一个更具创意、更加与众不同、适合的名字，例如：惊恐的眼睛或者野兽。

照顾者为狂怒起好名字后就可以找到描述它们的方式。照顾者或许喜欢把狂怒描述成一个人、一个生物或者一个场景。作为选择方案，没有特别艺术感的照顾者写一部关于形象化狂怒人物的故事。无论照顾者做什么，爆发都应该是某种程度上的人物化，在人们的脑海中应该独立于他们的孩子或者任何现实中的人。

在对愤怒形象化之后，照顾者可以开始通过下述技巧努力去理解它。照顾者或许喜欢就具体问题写一封信（表4.5）或者写一份调查报告。照顾者可以在信中剖析问题，真实地说出他们的感觉。可以问问题“你来自何方？”“你喜欢什么？”等。照顾者不能把信寄给孩子，应该写给一个虚构的人，这个人代表孩子固有的愤怒。

表4.5　致愤怒的信

致愤怒：

正是你，我已经受够了！我讨厌你控制我和我的家庭。你怎么这么胆大妄为！你来到我家里，使每个人感到难过和害怕。你是一个暴徒，我与你势不两立。

让我来告诉你你做了什么。

当你进入彼得（Peter）的身体，你就控制了他。

我的女儿杰西卡（Jessica）昨天已经考完试，我们正在用晚餐时你让彼得脱掉了鞋子，你毁了她整个纠正的晚上，并且她需要纠正！

至于我，你使我的生活变得一团糟！我已经变成一个易怒、没有耐心的人，我过去不是这样，直到你来到这里！

我们的狗爱每个人，可就算它现在都恨你！

彼得怎么样了？对，你不在时他是一个温和可爱的男孩。他帮着洗碗，与他的朋友玩得很好。但是当你的魔爪伸向他时，你把他变成了一只野兽！你让他打我、踢我并且向我吐口水。因为你使他丧失了理智，有时拳打脚踢会伤害到他自己。你竟然敢使他感到有罪恶感，我们所有人不得不让他打起精神来。

那么告诉我为什么。告诉我你为什么这么做，你究竟要干什么？你为什么来到我们家并且毁坏每个人的生活？你为什么喜欢我们的房子尤其是与彼得在一起？

谨启。

彼得的妈妈 安娜贝尔（Ammabe）

照顾者给形象化的狂怒者写信之后，稍作休息，然后以狂怒者的口吻写封回信（表4.6），这是十分有用的。对于照顾者来说，重要的是缓和他们自己对这个问题的感情，并且确保他们避免以孩子的角度给他们自己写回信。照顾者应该尽力设想一下他们是把爆发形象化为虚构人物。

表4.6 来自愤怒的信

亲爱的安娜贝尔：

你好，很高兴收到你的来信。我很好奇你直接与我聊，而不是努力让彼得去做所有事情。

坦率地讲，你让我在你房子里感受到一种温暖的家的感觉。你向彼得大声喊叫时我爱这一切，并且你把他送回他的房间时我一直拉着他的绳子。只有让我更多地控制彼得，我才能真正使他爆发。

安娜贝尔，实情是彼得和我彼此更了解，比他对你了解得多。你曾经考虑过过去我或许一直是彼得的好朋友吗？设想一下如果我不在他身边，他会是多么可怜的人，当他父亲敲掉了母亲的牙齿，并试着对彼得做同样的事时，或者他母亲把他踢出门外，彼得大着胆向她抱怨时。

作为一个好朋友，我现在当然不会放弃彼得，正是因为你说你不会像他父亲那样对他做同样的事。事实上，第二天，当我让彼得打碎了你的相框，你看起来非常想伤害彼得。你明白他为什么仍然需要我？

彼得仍然存在潜在危险，我会一直在他周围。另一方面，如果你认为你可以说服彼得与你在一起感到安全，他不再需要我，那么，我或许会暂时离开他。坦白地讲，我认为信任除了我之外的任何人，让他相信这个想法有点难。

祝好。

你长期的房客 愤怒

照顾者通过艺术手段更加舒服地表达自己，可以画一个具体人物，画出这个愤怒如何安静下来，并防止它控制他们的孩子。

照顾者会发现，配合（下述）练习非常有益，使孩子加入形象化过程中来，这有助于照顾者和孩子共同抵制怒气爆发。

真实练习的缘由

真实练习的缘由是一种理解孩子狂怒来源的办法。重要的是接受无论在何处，孩子的行为是他们经历的真实再现，但不幸的是孩子不会直接解释，事实上，很可能他们自己没有意识到所发生的。

狂怒是一个孩子的非口头交流，他们在拼命通过行为传达内心的经历。通过直接向他们的照顾者撒气，孩子暗示照顾者应该生气，也就是说，愤怒是一种暗示的争辩，照顾者已经对孩子做了可怕的事情，并且已经激起了孩子的愤怒。

为了更好地理解愤怒爆发，照顾者或许会发现下述问题非常有用：

- 当他们直接向你发脾气时，孩子暗示的争辩是什么？
- 为什么，理论上你应该受气？

你的孩子通过他们的行为暗示了：

- 你已经恶劣地对待了他？
- 你不公正？
- 你没有关心他们？
- 你饿着他们了？

- 你吓唬他们了？
- 你打他们了？
- 你没有回应他们的身体和 / 或感情需求？
- 你不喜欢他们？等。

照顾者如实回答完这些问题之后，下一个阶段就是处理真实的问题。这些问题中大多数不可能是真实的，但有一些是真实的。如果有，那就应该诚实谦虚地解决。

这一步完成时，照顾者可以试着亲自处理所暗示的争辩，他们的意识是清晰的："好了，我真的知道我爱她，并且我没有饿着她，虽然她那么说并且是那样感受的。"这个问题得到解决，照顾者可以从保卫他们自己的需求中移开，开始思考这种暗示的争辩真正来自哪里，它真实的意思是什么。照顾者或许会发现下述问题有助于弄明白这个。

- 这个暗示的争辩是准确的但只是简单地针对错了人？可能是你孩子过去生活中的某个人？
- 这个争辩固有的感情来自哪里，如：孤独、没有得到照顾的恐惧、你不关心她带来的恐惧？你的孩子非常熟悉这些感情？
- 你行为中的某些事，如：面部表情、声调等误导了孩子，并且激起了他们过去的负面感情？

通过这些阶段的工作，在对孩子的移情评论（下述）中，照顾者可以运用这种对孩子愤怒的合理原因的理解。照顾者与孩子分享他们对于愤怒、担心或者恐惧根源的看法，帮助孩子探索，不要责备，他们的愤怒作为过去经历而带来的后果。照顾者还可以帮助孩子弄明白为什么愤怒在他俩的关系中得到体现，因为有些事情使孩子回忆起了他们过去的可怕感情。

针对孩子的移情行为管理

针对孩子的响应式移情行为管理

移情评论

采用这个策略时，参考移情评论的黄金原则（第三章表3.9）十分有用。

比较典型的是，照顾者需要运用移情评论应对孩子的狂怒，相当残酷并且需要很长的一段时间。如果可能的话，与其他理解这个策略并且孩子信任的人轮流也好。这有助于防止照顾者的负面感情影响他们的养育，照顾者对狂怒持隐藏的但可理解的负面感情。

养育一个会狂怒的孩子，不仅要对引发怒气爆发的感情移情，而且要对孩子经历困惑和缺乏控制的恐惧移情，这也是十分有用的。

对狂怒（表4.7）运用移情评论时，重要的是照顾者密切关注他们的声音和身体语言，不仅仅是他们话语中包含的内容。照顾者需要匹配紧迫性和孩子的声调。然而，照顾者从他们声音中发现孩子的愤怒，他们需要一副非常移情、开朗的面部表情，便于清楚地向孩子传达他们的移情而不是生气。

表4.7　对狂怒的响应式移情评论

下述是一些移情评论的例子，照顾者可以在狂怒期间运用，以帮助孩子管理他们强烈的感情。下述表达可以作为对话的引子，但原则是照顾者的言语应该适合他们自己。

- “你这么生气。”
- “真的感到我当时对你很无情。对不起。”
- “对不起我没有再给你一块饼干。我认为它让你想起了你不能控制住自己吃了多少，并且妈妈不给你太多食物的事情。”

- “你此刻感觉糟糕透了，我真的想努力使事情更好点。”
- “你一定是受到了惊吓才这么生气，我想知道是什么让你如此恐惧。”
- “我说‘不’使你如此生我的气。我认为它让你想起了你爸爸曾做过让你如此恐惧的事。对不起他让你感到害怕。”
- “噢，你突然对我生气，好像我让你感到太可怕了。”
- “哇，好像我真的打了你！那一定非常可怕！我真的想让你感到安全。”
- “不足为奇，你生气了跳起来保护自己。你过去不得不保护自己，防止成年人伤害你！”

有节奏地安静下来

照顾者会发现这是可能的，在狂怒期间，重新使孩子回到节奏性的活动中去。理解节奏性安静为什么起作用，只需思考婴儿难过时本能的反应即可（回想第三章表3.1婴儿哭泣的练习）。本能是摇晃他们、把他们抛起、抚摸他们并且有节奏地说话。节奏性安静是一种通过大孩子复制这个的办法，大孩子经历过失调的难过，即有过狂怒。

节奏性安静的理想方法是有节奏地摇晃孩子或者抚摸他们的皮肤，就像对一个婴儿那样。然而，重要的是考虑这个孩子是否会误解你的接触，尤其如果他们的狂怒关系到身体或者性虐待的记忆。照顾者可以根据对孩子经历的调查或者运用临时办法做出判断。如果孩子有过类似的经历，那么节奏性安静仍然可以尝试，但需要暂时衡量孩子需要安慰的层次。

在孩子狂怒时，对孩子谈这些，对于照顾者来说或许具有挑战性，但通常最有效的办法就是照顾者自己启动这项活动，并鼓励孩子加入。对我们所有人来说，当感到失控时，节奏具有令人吃惊的诱惑力，因此，照顾者通常会对孩子热衷于节奏性的安静活动（表4.8）感到吃惊。

表4.8 节奏性的安静

下面是节奏性安静的例子，当孩子狂怒时，照顾者或许喜欢试试，作为一种把孩子的注意力转移到安静活动中来的方式。

- 上下跳跃。
- 单脚跳。
- 比赛。
- 大声数数。
- 拍手。
- 用一个样式简单的拳击袋。
- 拍枕头。
- 打鼓。
- 唱歌/圣歌/童谣。

照顾者是让孩子安静下来的基本因素，因此，照顾者不应该只让孩子做这些练习，他们可以与孩子一起做活动，也可以运用一些移情评论。

节奏性安静方式既可以作为预防式策略也可以作为响应式策略运用。当孩子已经安静下来时，运用节奏性安静方式有助于他们学习一些感情管理技巧，当他们将来有需要管理的强烈感情时，他们可以自己运用。

针对孩子的预防式移情行为管理

我们努力培养经历狂怒孩子的主要能力就是一种管理他们感情的能力。发育中曾受创伤的孩子比大多数人有更多具有挑战的感情要去管理，并且他们没有环境去培养这类管理技能。因此，照顾者的重点应该首先集中在使他们的孩子通过这么做而管理他们自己的感情。下述是一些有助于照顾者帮助孩子培养这些技能的方法，因而从长期来看，也是防止孩子狂怒倾向的方法。

预防式移情评论

照顾者在安静时运用移情评论的表述，得到孩子对于他们内心曾经历事情的反馈（记住第一章如厕训练分析）。照顾者不应该仅仅局限于在压力时运用移情评论，事实上，当事情更好解决并且快乐时随时运用非常有益。所有照顾者都需要去做的就是注意到孩子意识里和身体上正在发生的事情（表4.9）。

想象一下，狂怒中的孩子其感情调节器有一个“开”“关”装置。给孩子反馈他们内心经历的细微差别，有助于他们把感情调节器设置成1到10的级别。此外运用移情评论，照顾者可以帮助树立孩子的感情级别，通过照顾者面部表情和身体语言习惯性地向孩子反馈他们的感情。

表4.9　针对狂怒的预防式移情评论

这是一些移情评论的例子，照顾者可以在安静时用来预防愤怒。这些例子只是一个开端，照顾者如果觉得以下适用可以予以采纳：

- “糟糕，你太激动了！你很难控制你的兴奋，不足为奇，婴儿从他们父母对他们所做的事情中学会了一些东西。”
- “我认为你今天感到有点伤心，因为你和杰斯（Jess）昨天在学校发生了争吵。”
- “有时你很难阻止兴奋转化成争辩。”
- “噢，你今天早晨真享受你的早餐。”
- “你和尼特什（Nitesh）玩蹦床时看起来很高兴。”
- “快跑真的感觉不错，不是吗？”
- “哎哟，亲爱的，那让你苦恼了。”

使狂怒形象化（照顾者和孩子）

照顾者可以把（上述）形象化练习延伸到孩子。目标是帮助孩子创造一个代表他们狂怒的人物。孩子创造的这个人物可以完全不同于照顾者在上述练习中创造的人物。孩子可以把这个人物画下来或者给他写信，或者照顾者和孩子玩一个游戏，照顾者扮演愤怒者的角色，就像他们是愤怒者一样，孩子可以与他们对话。

无论谁做这个练习，关键是把这个人物和来自孩子的问题分离开来，以便于在没有失去对孩子移情的前提下问题得到讨论。

以天气为话题开头

以天气为话题开头的目的是帮助照顾者和孩子例行交流他们的感情。他们都把谈论感情视作日常生活的一个部分，正如他们讨论天气一样。

第一阶段准备一些要用的材料。照顾者已经有一个关于孩子感情语言和理解级别的好主意，但照顾者和孩子应该坐在一起，讨论孩子知道和理解的感情是什么。如果他们的感情词汇有限，那么照顾者可以用精神—语气连接（如下）作为以天气为话题开头的一个选择。

坐在一起，照顾者和孩子可以为孩子知道和理解每项感情做符号。一开始，感情的数量可能非常有限，但应该会随着时间的推移而增加。照顾者还应该制作一个“每周”日程表，家中每个人作为行，每周的每一天作为列。每天结束时，每个人应该用相关的表情符号解释他们在当天的感受如何。

对于年龄大点的孩子，更有效的或许是使用邮箱或者照顾者给孩子一个表情符号或者便条以示鼓励，便于进行更多的单独和私人交流。如果孩子可以接受把这种交流方法用作激励与照顾者交流他们感情的方式，那会更好。然而，重要的是要记住，可能会发生令人震惊的事，十几岁的青少年，经历过早期创伤，对“小孩子”的活动积极回应。普遍的情况是成年人的担心和自我意识会防止大孩子尝试这些好玩的活动。

精神—语气连接

精神—语气连接是那些感情词汇有限的孩子的首选。运用这个策略之后，照顾者会感觉到能转向以天气为开头的话题，但任何话题转移时都要按照孩子的步伐，并且照顾者应该试着抑制向前冲的压力。

精神—语气连接技能只是采用以天气为话题开头的模式，相反孩子为自己选择感情符号时，他们的照顾者可以通过“阅读”他们语气的方式去做。照顾者假装成一个精神阅读器或者魔术师，这项技能可以更好玩。

照顾者可以在一天结束时设计一个阅读孩子感情的游戏，并且告诉孩子他们是如何考虑孩子的感受的。这非常有帮助，因为照顾者在孩子内心经历和适合这些经历的感情词汇间建立了连接。以天气为话题开头仍然适用于其他家庭，正如它向孩子模拟出了其他人如何理解他们自己的内心世界并管理他们的感情，有助于使困难的感情正常化。

表4.10　记住关于狂怒的事情

理解狂怒如何起作用

- 狂怒是在回应孩子早期经历时形成的变化多端的策略。你的孩子一直处在那种环境中，红色风暴非常有助于他们确保安全。
- 婴儿时期长期的恐惧经历导致比其他孩子看到更多潜在的暴力事件，因此狂怒或许是由这种可感知的攻击带来的恐惧引发的。
- 长期的恐惧也会选择这种方式，产生并贮存压力激素皮质醇，通常导致爆炸式的愤怒。
- 有过虐待和/或忽视经历的孩子在理解和管理他们感情时会有更多的困难。他们的感情调节器被限定在“开”和“关”上。
- 狂怒通常是分裂的，例如：孩子的意识不活跃，因此，他们说没有记住狂怒，他们可能说的是事实。

- 曾受创伤的孩子缺乏对狂怒的控制力，再加上他们难以应付羞耻感，这使得这些孩子无法应付对他们与照顾者的关系造成的这种综合损害。
- 狂怒对于照顾者来说是移情回应最困难的行为，因为他们具有胁迫性、压倒性，并令人恐惧。

理解要做什么

- 针对照顾者的移情行为管理
- 响应式策略：
  - 照顾者能对自己的感情反应有一个好的理解，可能有助于他们更安静，并且对他们自己的反应较少做出判断。
  - 照顾者不应该否定或者掩饰他们的感情，但理解并致力于解决它们。
- 预防式策略：
- 照顾者可以从培养认知他们自己对狂怒反应的能力中获益。
- 将狂怒形象化（仅限于照顾者）。
- 真实练习的缘由。
- 针对孩子的移情行为管理
- 响应式策略：
  - 对狂怒响应式移情评论。
  - 节奏性的安静方式。
- 预防式策略：
  - 对狂怒预防式移情评论。
  - 把狂怒形象化（照顾者和孩子）。
  - 以天气为话题开头。
  - 精神–语气连接。

第五章

幻想中的女孩

Why
can't
My
child behave

照顾者如果对引发孩子解离的事情有所理解时，他们可以运用这种理解力去告知他们的移情评论，给孩子一个简要意见，他们为什么认为孩子出现了解离。

“走神”现象介绍

它很少成为养父母寻求帮助的最大问题，但“走神”现象非常普遍，而且通常只是随意评论一下，这种现象可见于由于虐待和/或忽视而遭受创伤的孩子中。走神也常伴随狂怒（第四章讨论过）。

出现走神的孩子，很典型，很难由很大的嗓音或者身体接触唤醒。这些情节就像癫痫病（特别少见的癫痫）。因此，重要的是，如果孩子表现出要进行描述的征兆，应该带他们去做医学检查，以排除癫痫的可能性。

如果排除了医学原因，那在发育中曾受创伤的孩子中，走神更可能是解离性缺席。这些缺席是一种心理防御机制，让孩子从精神上远离危险情况，他们从危险情况中了解到他们无力应对（佩里，1997年；斯科尔，2001年）。解离的情节或者走神是一个强有力的例子，通过这种方式，早期创伤会对大脑功能产生深远影响。

当然，走神的程度不同，正如下述例子中所展现的。一些孩子，它们只是能够注意到，并且来得非常快，而另一些孩子则比较极端，似乎是一种默认策略，用来应对任何来自他们直接安慰区之外的经历。

什么是“走神”

米莎（Misha）

米莎是一个14岁的女孩，她已经与她的养父母住了两年。她与母亲住在一起时受到严重忽视，曾被独自锁在浴室几天。她的母亲患有严重的抑郁症并且很少与米莎互动。米莎已经辍学大约两年。她11岁来到养父母家。

米莎没有表现出任何挑战性的行为，但是她的照顾者和老师都非常担心，因为米莎的互动停留在非常肤浅的水平。在某种程度上，她已经学会与养父母和老师联络，但当她被要求做或者思考她不去考虑的某事时，米莎会陷入她的“幻想中”。

我见到米莎时，她能够参与艺术性的活动，但我介绍游戏活动并跟她谈话时，米莎表情僵硬并且变得像一尊雕塑。她的眼睛失去光泽并且盯着中间某处，我无法从她那里得到任何反应。米莎就这么“消失”了。

米莎的养父母和老师非常受挫，竭力鼓励、用甜言蜜语哄骗并训练她，他们允许米莎只参与她选择的事情。

老师和家长都说米莎在她自己的时间里会自己走出她的幻想。当她陷入幻想时，她无法反映出自己身在何处并且为什么消失，虽然对于米莎来说难以反映十分典型。在走出她的幻想之后，她会立即回到正常的自己中来。

阿伦（Arun）

阿伦是一个7岁的男孩，他已经被收养了18个月。他曾经历过父母间的家暴史。大部分时间他都是由两个姐姐照顾，她俩因为争夺与他玩耍的权利而大打出手，并且非常粗暴地对待他。

他的养父母要求他做某事或者“不”让他做某事时，他会发怒。他的养父母注意到，有时在狂怒之后，有时与狂怒相反，阿伦会十分安静，并且无论他的养父母做什么去吸引他的注意力，他都完全不交流。他们描述称这些情节会结束，当阿伦彻底“回来”，他再次完全回到正常状态，但似乎对他的“缺席”没有任何回忆。

阿伦的学校已经告诉他的养父母，他的处事方式一直处于他同龄人的平均水平之下，因为他倾向于白日梦，并且难以集中精力。

典型策略

照顾者对孩子的走神现象十分惊慌，虽然他们没有就此问题寻求过帮助。已经获得这种无意识心理策略的孩子，没有必然的挑战行为需要去管理，但是照顾者还是会发现这类孩子照顾起来无法令人特别满意。

正如前面例子中所展现的，存在一种危险，照顾者和/或老师会把走神的孩子视作做白日梦者或注意力有问题的孩子。结果是照顾者力图唤醒孩子，似乎他们正在做白日梦，甚至可能会大声喊叫到让人心烦的程度，以引起孩子的注意。

不存在明确运用奖惩思维的巨大动力，与此同时，走神的孩子有时会被贴上懒惰或者粗心大意的标签，由他们明显不去关注引起的挫败感会损害他们之间的关系，尤其是与成年人之间的关系。这会导致照顾者并非有意地去惩罚他们，例如：照顾者感到的愤怒就像对孩子因为明显的缺乏注意而进行的惩罚。此外，处于解离状态下的孩子也会更加压抑他们的语气和与其他人联络的能力（西切蒂，1994），因此，与这些孩子建立奖励关系更具挑战性。

当解离情景被误解时，所引发的问题就是潜在的问题被忽略，结果对有针对性策略的需求也被忽略。这意味着使孩子克服这个问题的有利时机被错过了。

弄清楚“走神”的意义

当我们面对发育中曾受创伤的孩子难以理解的表现时，要问我们自己的关键问题是：

- “这种行为会成为解决童年时期问题明智而又可理解的解决方案吗？”
- “这种行为如何成为解决那个问题的好方案？”

寻求理解孩子走神情景时，要思考移情行为管理模式（图5.1）最重要的元素是固有生存策略、感情管理和经历对大脑和生理的影响（黑体部分）。移情行为管理模式列举的另一些因素也会产生影响，但程度很小。

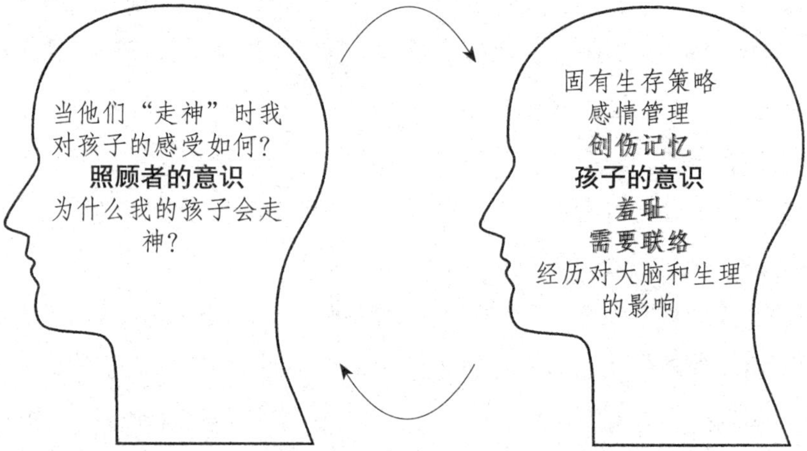

图5.1 解离情景的移情行为管理模式

固有生存策略和感情管理

解离情景是对完全无力管理困难感情的证明。这类完全的心理封闭表明孩子已经发现没有其他办法管理他们的感情，也就是说，孩子有效管理他们感情的所有典型方法，甚至有问题的办法（例如：狂怒、吸引注意力、可控制的行为）已经失败了。一旦这类孩子放弃任何从身体上保护他们自己的尝试，他们唯一的希望就是心理上保护自己，他们通过封闭并创建完全的心理孤立方式来做到这一点。

当孩子关于爱和保护的目标也是他们恐惧的最大目标时，这类极端措施通常是对长期、极端暴露于压力和恐惧的反应。

经历对大脑和生理的影响

解离缺席的神经过程没有得到充分理解，然而，这被认为与婴儿时期孩子大脑适应皮质醇（压力激素）的高水平有关（弗兰克等，2000年）。

在曾受创伤的孩子中，使过多的皮质醇发生物质替换的过程也关系到解释狂怒的生理（第四章），解离缺席通常是狂怒之后的下一个神经化学阶段。已经产生这么多心理能量（包括高水平的皮质醇），都没有成功应对一次威胁，下一个最好的解决方案，对于一个熟练处理大量皮质醇的大脑来说，就是去关闭任何感到威胁（低水平皮质醇）并减少“被动处理”状态的能力（弗兰克等，2000年）。

当孩子们处在解离状态时，他们的身体安静，他们的心率减慢，尽管他们周围正发生了什么，在解离比较高的阶段，大脑产生减少疼痛的脑啡肽，导致感知疼痛能力减弱、哭喊寻求帮助的强烈要求受到压制（斯科尔，2001年）。孩子把他们的感情管理器调节到“关”的位置。

早期生活中过多的皮质醇，通过长期暴露在压力/恐惧下，在大脑中创建了两种应对压力/恐惧的潜在方法。第一，孩子的大脑形成提高身体反应的能力，这或许会阻止一次攻击或者使孩子发出绝望的寻求帮助的信号；第二，如果第一个神经策略失败，并且危险不可避免，它就会进入解离状态，在这种状态下，孩子的大脑能够做到最好的就是通过最小地感知疼痛来忍受身体伤害。

那些没有首先狂怒而直接进入走神状态的孩子，可能会觉得“发出求救信号”，实际上会使他们更容易受伤害，也就是说，他们认为哭泣或者反抗可能会使其遭受的虐待变本加厉。

因此，我们可以下结论，一个发育中曾受创伤的孩子进入解离状态时，他们已经预料到可能会发生令人恐惧的事。任何事都可能引发这种反应，原因如同发现一次感情需求或者来自照顾者援助或支持的需求一样简单（参照表5.1）。因此，走神对于一个孩子来说是一种非常成功的办法，可以完全独立于其他人并防止心理攻击。

表5.1　可能导致孩子走神的经历

在婴儿时期有许多经历会导致皮质醇水平上升，这会使孩子对于那些经历的暗示非常敏感，因此潜在地会导致孩子处于解离状态。

早期经历	孩子日复一日的暗示
忽视	自己的感情经历 饥饿/口渴 等待食物 疲劳 恐惧 疼痛 寒冷 大麻的味道 照顾者关注其他人

早期经历	孩子日复一日的暗示
身体虐待/家庭暴力	提高的声音 去睡觉 与父母和/或兄弟姐妹分开 父母/孩子冲突，包括正常的设限 兄弟姐妹间的冲突 前门钥匙的声音 接触
性虐待/强迫性的养育	就寝时间 不熟悉的成年人在场 洗澡时间 锁着的门 接触
关键的养育	比赛中没有赢得任何东西的经历 照顾者关注其他人
上述任何一个	感官触发装置、视力、声音、味道、触觉

不对“走神”作出移情反应所带来的后果

成年人通常会把解离视作注意力不够、白日梦和/或懒惰而使其正常化。结果这会导致照顾者对走神的孩子十分生气。照顾者无意中惩罚了一个处于解离状态中的孩子，坚持让他们做一件事直到他们完成这个任务，带着改善孩子注意力的善意目的。此外，走神孩子的治疗和教育需求经常被忽略，因为他们没有构成许多典型的行为问题。

走神是一种尝试，在所有其他的办法失败之后，通过积极复制、选择和不去感知去顺应令人恐惧、压倒性的环境。因此，在没有运用移情的情况下，作为一种问题行为，任何应对这种适应策略的尝试，最多没有效果，最少增加孩子从照顾者那里放弃的需求。表5.2提供了这些办法引发问题的例子。

表5.2　没有对解离状态做出移情回应的潜在影响

通过奖惩思维设法应付发育中曾受创伤孩子的解离情景，即没有理解这些现象如何起作用以及没有对他们的原因予以移情的情况下，这些解离情景会对孩子们产生各类影响。通常这些策略会使同时出现解离情景的各类征兆恶化。

- 在学校表现不好：不解决解离情景的原因会促使孩子难以集中注意力和精神，因此影响到他们在学校的表现。
- 狂怒：愤怒在伴随解离情景的感情管理不善和愤怒爆发的时期提供了一次心理释放机会。
- 社会孤立和脱离社会：已经学会互动的孩子，处于压力时是危险的，有一种把他们自己孤立起来的倾向，通过奖惩思维，对此增加更多压力，这会增加脱离社会的需求。
- 自我伤害：没有他们自己或他人管理感情能力这种概念的孩子，或许会从那些感情中寻求心理释放。这是一种自我伤害能够提供的释放。
- 古怪的/非典型的行为/信念：没有与其周围社会有过接触的孩子，或许会形成固执的内心世界，并且在没有外界影响的情况下形成。

解离状态的孩子无意识地邀请父母强迫或忽视他们。因此，有效养育这类孩子的办法就是，在没有接受这些邀请去复制他们过去经历的情况下，在受强迫和被忽视之间找到一个中间地带（表5.3）。

表5.3　关系复制：解离

出生家庭经历

成年人：强迫或恐吓行为 → 孩子：后退并且在极端情况下出现解离缺席

父母恐吓或者施加不希望的亲密行为时，孩子无法从身体上躲避，采取的唯一躲避方式就是通过解离去逃避。

代养家庭经历

孩子：后退并且在极端环境下出现解离缺席。 → 成年人：有挫败感并增加挑衅性行为，尝试去得到某些反应。

孩子熟悉潜在的危险和/或强迫，他们无法躲开，因此解离。照顾者可能粗鲁或粗心地阅读这种行为，因此通过增加强迫性的尝试，努力把孩子从他们的“白日梦”中“唤醒”。

总结：强迫或恐吓性的养育导致孩子必须撤退。孩子的撤退无意识地邀请他们的照顾者去恐吓和/或强迫。照顾者接受这一邀请。

移情行为管理策略：“走神”

荒谬的是，因为解离是这样一种被动处理方式，正如照顾者帮助孩子放弃他们需要的“走神”，孩子或许会形成其他更积极的处理方式。这些新方式可能从行为上更是涉及照顾者具有挑战性的办法，例如：寻求依恋、狂怒、可控的行为。重要的是照顾者要记住并重新树立信心，这些实际上是极其振奋人心的进步迹象。

针对照顾者的移情行为管理

针对照顾者的响应式移情行为管理

一旦照顾者花费全部时间去准备他们自己对解离爆发的反应，包括阅读本章，他们可能会找到他们的方式本能地按照变化转变到理解孩子解离的新方式上去。

针对照顾者的预防式移情行为管理

养育一个走神的孩子时，重要的是照顾者理解孩子困境的原因，并按照理解去传达。提前理解潜在的“感情障碍”（即可能受压的按钮）相当重要，照顾者或许根据自己的性格去了解这些障碍，他们经历孩子的解离情景以及这些障碍为什么被引发。

因此，解离缺席的时刻，重要的是照顾者去了解并理解他们自己对这些情景的感情，便于他们按照自己的理性理解而不是本能反应去做出移情回应。照顾者可以运用第二章中的策略去理解并传达他们自己的本能反应。

理解过去

如果照顾者对于孩子的经历没有多少了解，尤其是孩子头三年的经历，非常重要的是照顾者尽他们所能去得到他们能够获得的信息，便于他们尽最大努力去理解孩子对解离的需求，并且便于帮助他们克服困境。

照顾者已经收集到他们能够收集到的尽可能多的关于孩子过去经历的信息时，重要的是去仔细检查并把孩子早期经历中非常有压力和/或害怕的事记下来。照顾者可以运用这些信息去思考他们试图逃避哪种类型的经历。这可能包括孩子外部世界的情况，例如：暴力和被独自留下来很长时间以及孩子的内心世界，例如：饥饿、悲伤和愤怒。这种理解有助于照顾者确定他们走神时努力逃避的是什么。表5.1或许是一个有益的起点，有助于照顾者去分析什么样的经历导致孩子解离。

做到这一点，有益于照顾者回到几周之前，并且努力去理解孩子走神之前究竟发生了什么事。有时，起因可能非常微小，感官起因非常难以确定。如果是这种情况，那么孩子不可能获取有关触发他们解离的语言信息，也就无法向他们的照顾者解释。

照顾者如果对引发孩子解离的事情有所理解，他们可以运用这种理解力去告知他们的移情评论，给孩子一个简要意见，他们为什么认为孩子出现了解离。

针对孩子的移情行为管理

针对孩子的响应式移情行为管理

孩子已经走神时，照顾者要记住的关键是，在本能地试图“唤醒他们”和任由孩子走神之间找到一个中间地带。这个中间地带会使照顾者找到一条路线，允许孩子去经历它们，因为有人能在没有迫使孩子做出不希望的互动时管理孩子的感情。照顾者的目标不要猛烈拉住孩子回到意识中，而是有意识地为孩子找到一个他们感到温暖安全的地方。

响应式移情评论

移情评论是孩子走神时最有用的策略之一。对解离情景的移情评论有助于照顾者为孩子内心正发生的事提供一个同情性的理解，但是要大声，便于他们的孩子也了解他们自己的内心世界，通过把照顾者的意识作为一面感情的镜子来运用。表3.9（第三章）中的黄金原则会帮助照顾者去为他们孩子的解离情景设计评论。表5.4提供了一些移情评论的例子，孩子走神时照顾者可以运用。

表5.4　对解离情景的响应式移情评论

下面是一些表述移情评论的例子，照顾者可以在解离情景期间运用，帮助他们的孩子去处理孤立自己的问题。这些例子只是一个开端，照顾者如果觉得适用可以予以采纳。

- “好，我认为你需要消失一会儿，我想知道什么使你需要这么做。”
- “关于我要求你去做家庭作业的事情，真的让你有压力，不是吗？你需要去休息一会儿。”
- “嘿，我认为你对某些事感到非常紧张。我认为你有时需要走神，因为你小时候需要应付的压力太多了。”
- “我想知道是否正是听到我对菲力普的话使你有压力，并且使你走会儿神。我理解，大人生气让你感到待在家里很害怕。”
- “就寝时间对你来说如此有压力，不是吗？他们使你想去休息并且不想或者不向任何人说话。非常抱歉，就寝时间曾让你感到害怕。”
- “人们要求你做事并且你不愿意时，使你真的感到如此难过以致你走了神，去逃避。我理解，你可以应付时我们一起来解决。”

短暂接触

对照顾者来说，在被完全孤立和被强迫之间给孩子留一些中间地带的一个好办法就是非常温柔、短暂的接触。有各种方式做到这一点。在某些情况下，接触是有效的，但通常让人感到太强大，临界强迫。然而，也有其他方式。走神的孩子或许不能获得视觉刺激，因此，照顾者需要建设性地向孩子提供一条途径，通过他们其他的感官（接触、声音、味道）走出他们自己的心里。表5.5包括一些孩子走神时如何运用短暂接触的理念。

表 5.5　短暂接触

这里是一些短暂接触的例子，可以帮助走神的孩子去理解面临压力时，与他们的照顾者互动是安全的，可能更是有用的。照顾者可能喜欢从最间接的接触开始，如果孩子反应积极转移到其他接触。照顾者不应该试图从孩子那里得到反应，只是尝试着使孩子感到外部世界比较安全和亲近，因此对于照顾者来说，参与下述活动并且不要感到有往前冲的必要，这十分有用。

- 使孩子感到舒适：照顾者应该把走神的孩子视作初学走路的孩子，他们正处于昏昏欲睡的状态。照顾者或许喜欢给孩子盖一条毛毯。
- 倾听型伙伴：孩子在做其他事如看电视、阅读时，照顾者可以坐在孩子旁边，但非常恬静地对孩子说话。这会使孩子听到照顾者的声音，如果可以的话，这可以使他们回到现实中来。
- 朗读：照顾者在孩子身旁安静地读书，便于孩子听到照顾者的声音，基于上述详细理由。
- 唱歌：照顾者和孩子喜欢的童谣或者任何安静的音乐都是孩子

走神时在他们之间搭起桥梁的方式。

- 感官过渡物体：在孩子解离期间，这是照顾者可以赠送给孩子的最好礼物，但是如果不可能的话，照顾者可以留下某些感觉孩子会与之发生联系的东西，如：照顾者前几天穿过的一件T恤衫。
- 抓住孩子的手：照顾者做别的事时，如阅读、看电视，他们可以抓住孩子的手或者轻轻移向孩子的手，通过某种方式去接触。
- 有节奏地接触：照顾者紧挨孩子坐着，可以轻轻地拍打孩子的手或者胳膊，或者试着用指尖轻柔地扣击孩子的手掌。这不会唤醒孩子，但在孩子重新回到他们自己的内心世界时会使孩子感到安全。

主动团聚

当孩子走出那种解离状态时，重要的是照顾者欢迎他们回来，就像他们打了个盹刚醒来一样。这么做时面带微笑，向孩子展示照顾者看到孩子回来是多么高兴，然后照顾者把注意力集中在他们认为孩子所想以及为什么那么想的地方，例如："噢，你在那儿呀！（带着大大的微笑）你回来真愉快！我想你对听到的声音充满了担心，你才不得不消失一会儿。"

针对孩子的预防式移情行为管理

理解孩子的过去

照顾者已经运用"理解过去"的练习（如上），并就孩子为什么偶尔需要走神提出一些想法时，他们可以与孩子彻底谈论这件事，通过诚实和他们能理解的方式而不是以伤害他们感情状态的方式。

移情评论（预防式）

照顾者可以用移情评论预测孩子走神的需求（表 5.6）。照顾者应该彻底告诉孩子他们认为孩子内心所想的，即谈论他们认为孩子可能的感受，或者解离发生时开始要感受的。过一段时间，这可能会帮助减少孩子的解离需求。

表5.6 对解离情景的预防式移情评论

这里是一些移情评论的例子，照顾者可以在解离期间用来帮助孩子去处理他们孤立自己的需求。

- “我的天哪！这声音太大！你真的担心乔（Joe）和安迪（Andy）叫喊，不是吗？有时很大的噪音意味着妈妈和爸爸彼此伤害，并且你感到不安全。对不起，让你担心了。”
- “我知道每次你要求吃巧克力，我没有给，你真的很难过。我想这使你担心我让你挨饿，这不足为奇，因为你过去常常挨饿！”
- “我喜欢晚上过来并给你把被子盖好，因为我想让你知道你是安全的并且招人喜爱，但是我理解有时这让你非常害怕，因为史蒂夫（Steve）过去经常在晚上这样接近你，并且你没法逃避！对不起发生那样的事，虽然你仍然感到害怕，但是我想让你感到安全，并且帮助你不再感到那么害怕。”

无论何时运用移情评论，重要的是要运用黄金原则（参照第三章表3.9）。

破灭的幻想

在周围没有任何压力的安静时刻，对于照顾者来说，与孩子谈论他们走神时的样子十分有用。这类谈话有助于照顾者对孩子的解离需求形成更多的移情。此外，照顾者对于解离如何对孩子起作用的反应会有助于孩子更有效地理解他们自己的内心世界。

照顾者和孩子应该试着为走神时的样子设计一个描述性的形象和一种创造性的语言，例如：米莎（Misha）走神时像一个气泡。这可以鼓励孩子在纸张上画下这个形象。下述问题可以与照顾者对孩子解离需求的理解同时使用，便于照顾者与孩子就解离进行对话。照顾者应该鼓励孩子写和画下对主要形象的答案和理解。

- 气泡看起来像什么？
- 在你的幻想中，其中一个的优势是什么？
- 他们保护你躲开坏事情了没有？如果躲开了，那些事是什么？
- 在你的幻想中，什么是坏事情？
- 你在那里时遗漏任何事了没？
- 其他任何人能与你一起进入幻想吗？
- 你喜欢其他人与你一起进入幻想还是最好你自己在那里？
- 你第一次进入幻想是什么时候？
- 你需要进入幻想的次数比其他人多吗？
- 你走出幻想最长的时间是多少？

表5.7　需要记住关于解离情景的事情

理解它如何起作用

- 看起来像疏忽、懒惰和/或白日梦可能是解离性缺席。

- 由医疗条件引起缺席的潜在性应该通过向孩子的医生提出这个问题来调查。
- 在缺乏医学解释的情况下，解离情景通常由孩子的无意识策略引起，这个策略是在婴儿时期学会的，为了避免无法逃避的危险、悲伤和/或疼痛。
- 这个策略可以理解为“被动处理”。
- 解离能使孩子的大脑释放缓解疼痛、麻木感情的神经化学物质，促进固化和抑制哭喊的强烈要求。

理解要做什么

- 针对照顾者的移情行为管理
- 响应式策略：
  - 照顾者对自己的感情反应可能是什么有一个很好理解，有助于他们越来越安静，并且较少审视他们自己的反应。
  - 照顾者不应该尽力去否定或者掩盖他们的感情，而是理解并与其协调。
- 预防式策略：
  - 照顾者能够从培养一种他们自己对解离情景的反应认识中受益。
  - 理解过去发生的事。
- 针对孩子的移情行为管理
  - 响应式策略：
  - 响应式移情评论。
  - 短暂接触。
  - 积极团聚。
- 预防式策略：

- 理解过去发生的事。
- 预防式移情评论。
- 破灭的幻想。

第六章

高能的孩子

Why
can't
My
child behave

对照顾者来说至关重要的是，在试图直接应对孩子之前，全面准备理解他们自己对高能行为的感情反应。这种理解有助于提高照顾者体谅孩子高能需求的移情水平。

许多发育中曾受创伤的孩子都表现出注意力难以集中、多动和冲动等问题。正如第一章中所探讨的，考虑大脑额叶的发育依赖经验时，这非常容易理解。早期虐待、忽视、注意力难以集中、多动和/或冲动的共同影响也是构成注意力缺陷多动症（ADHD）的诊断标准。这就是说，发育中曾受创伤孩子经历的许多困难可以根据诊断术语进行分类，但关于什么才是界定这类心理困难“比较真实的”方法，在从业者和研究人员之间存在许多哲学和本体论上的争论。

出于每天都与收养孩子打交道的目的，我倾向于就此问题采取完全实用的观点。如果一个孩子出现注意力难以集中、多动和冲动等问题，并且有证据证明他们曾经遭受过发育创伤，那么首先解决创伤这个问题的根源十分有用。然而，有一些孩子为量身定制的养育甚至专业治疗技巧都不够。在这种情况下，如果注意力缺陷多动症的诊断正确，有益于医疗人员用来促进治疗工作，包括治疗养育工作。总体来说，在没有医疗条件的情况下，对于大多数发育中曾受创伤的高能孩子来说，治疗养育办法非常有效。

例子

下面是一些高能、发育中曾受创伤的孩子的例子。我有目的地囊括了那些证实高能孩子通常出现困难的例子。

伊利亚（Elijah）

伊利亚是一个4岁男孩，7个月大时被收养。邻居称，他们经常听到伊利亚连续几天都是在同一个时间哭泣。在他短暂的生活中，在被收养前，伊利亚受到他亲生母亲的忽视，他的父亲不在跟前，他是家里唯一的孩子。伊利亚的母亲状态好时，已经尽了很大的努力与儿子相处，但她患有严重的抑郁病，并且她家里或者朋友很少能给予她支持。

伊利亚的养父母克莱尔（Claire）和彼得（Peter）描述称，他们遇到伊利亚时一下子就爱上了他。然而，当他们详细描述随着伊利亚的长大，他变得多么难以应付时，他们对伊利亚的描述越来越多的是负面信息。

整体来看，伊利亚似乎是一个无忧无虑、幸福快乐的男孩，但是他的父母发现他的高能到了难以应付的地步。伊利亚的学校称他们没有注意到他，并称他的社会活动和学习能力都很好。

很显然，家庭处在相当大的压力之下。家里有4个孩子，再加上父母对伊利亚的担忧，这对夫妇也担心他们15岁大女儿的行为。显然克莱尔肩负照顾孩子的绝大多数重任。

在一对一的游戏观察中，很明显，克莱尔在允许伊利亚主导游戏时是舒适和自信的，她专注地注视他并且面带微笑、积极参与互动。结果，伊利亚专注于活动相当长一段时间，并且显得稳定和安静。彼得也和他的伙伴一样热情地与儿子一起参与活动，但是他非常严格地主导游戏，并专注他喜爱的特别活动，同时希望他儿子与他一起分享。结果，伊利亚在两个独立的活动中跑来跑去，似乎难以应付。与和他母亲一起玩的活动相反，伊利亚有时与他父亲一起玩得过于兴奋，他父亲大声喊叫以吸引他的注意力，伊利亚开始把沙子扔出沙盘。

克莱尔和彼得后来描述称，伊利亚在与他父亲游戏期间的行为是他在家里的典型行为。

伊利亚的养父母被说服，他们的养子应该接受注意力缺陷多动症的诊断，甚至在得到调查并排除之后。不幸的是，他们的关注点只集中在需要诊断上面，这导致伊利亚的父母难以运用任何治疗办法，去理解他们儿子依赖关注的情况和多动问题。

乔舒亚（Joshua）

我认识乔舒亚时，他一直与他的短期养父母住在一起，他8个月大时来到这里。乔舒亚是一个10岁男孩，由于父母嗜毒，他和两个弟弟一直受到父母的忽视。嗜毒意味着家里的大部分时光是在“沙发上度过”（sofa-surfed）。这导致乔舒亚和他的弟弟经历了许多不稳定的情绪，并且周围的成年人无法满足他们的需求。乔舒亚也证实他的父亲对母亲非常粗暴。此外，当他母亲没有沉迷于毒品或者家暴的恐惧时，她似乎能够对她的孩子们做出感官上的反应。

乔舒亚大约在学校和家里每周爆发两次狂怒，据称他精力过度充沛，并难以集中。潜在的结果是，乔舒亚在学校频繁地扮演班里的小丑，由于不能控制他的精力和无法完成作业而引发许多烦恼。

乔舒亚难以参与旨在解决其过去创伤问题的治疗工作。事实上，无论任何时候，困难的想法进入他的头脑中，他就会特别吵闹，并且从身体和感情上都变得难以控制。在我接手乔舒亚的问题期间，他接受了一名儿科医师注意力缺陷多动症的诊断，并且开始服药治疗。据称乔舒亚感到非常高兴，因为他在学校不再惹那么多的麻烦了。他也能够运用他养父母的治疗养育方法，并有针对性地参与我的治疗工作。乔舒亚的照顾者和老师以前很难理解并移情于他过去的经历，以及这些经历如何关联到他的行为。然而，在他开始服用注意力缺陷多动症的药物之后，他们都变得更富有移情心并且一直鼓励乔舒亚。

针对高能孩子典型的奖惩策略

总是忙碌的孩子其行为经常被视作淘气。过多的精力导致孩子出现引发其他人问题的行为。表6.1列举了一系列行为，这些行为常见于发育中曾受创伤、精力过于旺盛的孩子。

表6.1　精神过于旺盛孩子行为的例子

- 难以安静地坐下来完成一项活动。
- 在一项活动中难以坚持几分钟。
- 玩耍时变得过度兴奋和/或充满危险。
- 冲突行为，如不看红绿灯跑过马路去捡足球。
- 虚度时光。
- 不愿意停下来并且听话。
- 容易转移注意力。
- 难以等待。
- 睡眠差。

运用奖惩策略解决表 6.1中所列的单个行为或者所有行为，例如，强迫孩子坐在某个地方，直到他们完成作业，不让他跑过马路去捡足球，或者在星图上放一颗星，如果听命令并且按照要求做到的话。

对于没有好睡眠的孩子来说，最常用的策略就是有针对性的奖惩，例如“限制哭泣”，由此父母/照顾者通过限制他们与孩子的互动来限制奖励即关注的数量，即孩子通过醒着并哭泣来引起关注。限制哭泣最常用在婴儿和小孩子身上，用于大孩子的策略基于同样的原则之上。简单地代替哭泣，例如，孩子在卧室的破坏行为，即晚上重复叫喊或者坚持不睡觉。

上述提到的所有困难都可以视作寻求依恋的行为，并且在发育中曾受创伤的孩子中，我们需要优先回应那种需求。

这些高能特点处理起来非常具有挑战性，发育中曾受创伤的孩子表现出这些特点，过多运用奖惩思维在成年人与孩子的关系上会导致挫败感和负面作用。

弄清楚高能孩子的特点

对高能孩子的移情行为管理模式中，最具影响力的方面（图6.1）是联系的必要性、感情管理、固有生存策略和经历对大脑和生理（黑体部分）的影响。

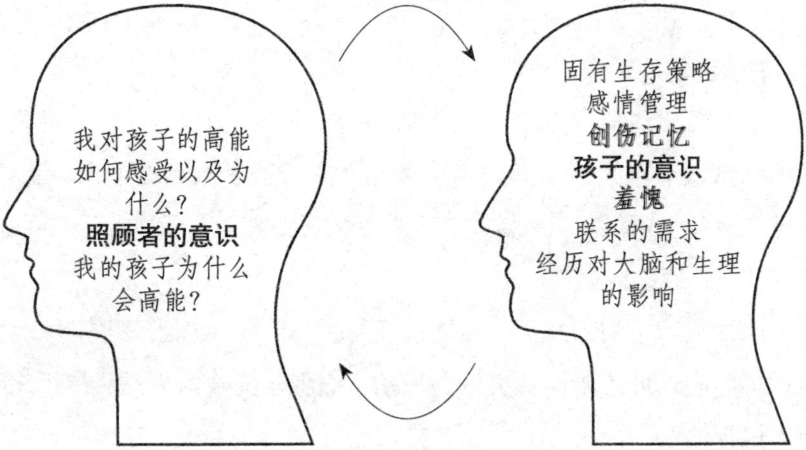

图6.1　高能孩子的移情行为管理模式

联系的必要性

理解许多发育中曾受创伤孩子高能需求的基本条件是接受孩子在

进化和神经学方面受到他们与另一人联系需求的驱动。

泛泛来说，有两种关系环境可能导致孩子养成高能策略。首先，就照顾者造成的身体虐待而言，婴儿学会必须平衡涉及照顾者的各类需求与警惕照顾者可能会给他们带来伤害之间的关系。换句话说，这些孩子不但经历了需要有人与他们亲近的压力，而且经历了需要警惕他们亲近的持续压力。

第二，高能行为对于曾受忽视的孩子来说也是一种可变性行为。这类孩子需要经常警惕与照顾者互动的珍贵机会。如果在这种环境中的孩子能量水平达到最高级别，即有时放松并且安静下来，那么他们不可避免地会错过满足他们需求的关键机会。在忽视环境中的孩子学会，在没有做出大量努力的情况下，他们的照顾者不会满足他们的需求。

感情管理

就管理感情的能力而言，持续高能的孩子感情表达受限。这些孩子的感情调节器处于7至10之间，并且他们很少放松到这个水平以下，甚至在夜间也不能。后果是发育中曾受创伤的高能孩子通常睡眠不好，比其他孩子睡眠时间短。

因为他们早期的经历，高能孩子的大脑已经调整到孩子能够保持有效的策略，即不断维持警惕和机动，确保他们被固化并从神经化学方面进行编程。

固有生存策略

为了理解发育中曾受创伤孩子的特殊行为如何与生存策略一样起作用，重要的是仔细考虑这类行为的功能，即这类行为会产生什么样的影响？关于这个问题的观念一旦形成，搜集有关孩子早期经历的信息，才能往回看，猜测这类行为如何对他们的身体和感情生活起作用。这些策略的有效性并不意味着这些策略被有意识地采用，事实上，正如他们是在婴儿时期形成的，他们不可避免地是无意识的策略。

就高能的孩子来说，他们的行为通常成功引导他们的照顾者在感情压力下与他们亲近（参照第三章）。高能行为也存在复制与孩子熟悉的成年人行为的潜力（参照表6.2），成年人的行为是熟悉的、可预见的，并且是可感知的安全因素，即使这种行为最终令人苦恼。

表6.2　关系复制：高能孩子

出生家庭经历

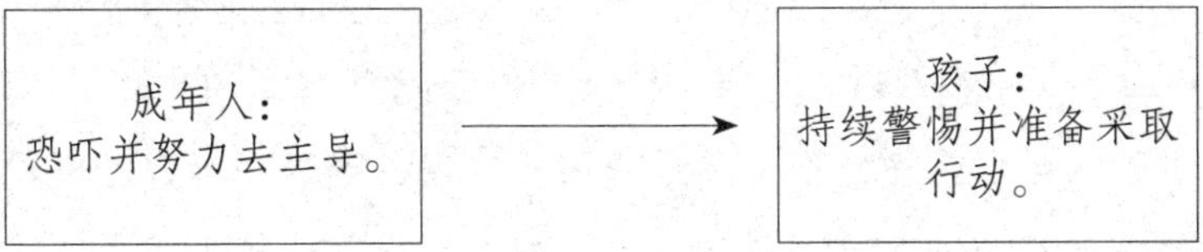

父母吓唬并且主导，孩子从生理上准备迎战或者逃避，因此不断充满紧张感，不能把精力集中在日常生活的琐事上。

代养家庭经历

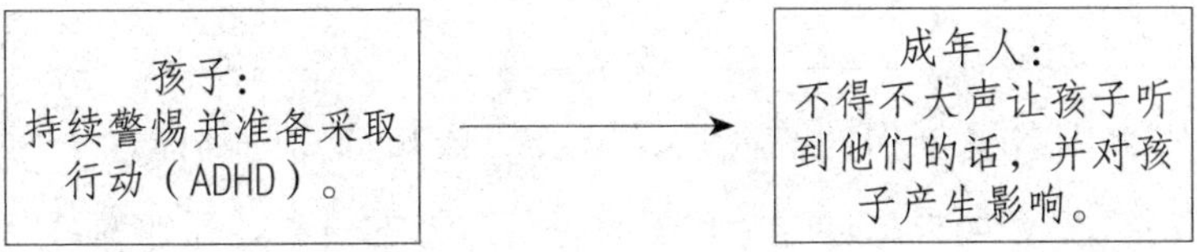

孩子从生理上准备保护自己，不能把注意力集中在每日的活动上。照顾者声称他们自己采取的惩罚性办法越来越多，便于对不做出反应的孩子施加影响。

总结：主导型和/或恐吓型父母导致孩子警惕。孩子无意识地邀请照顾者去恐吓和/或主导。照顾者接受了这一邀请。或者……

出生家庭经历

成年人：难以参与并因此无法从很大程度上接近。	→	孩子：使他们自己不可能被忽视。

在孩子婴儿时期，父母从心理、感情和/或身体上无法接近孩子，因此，孩子形成了他们不能被忽视并且更可能使他们的需求得到满足的策略。

代养家庭经历

孩子：使他们自己不可能被忽视。	→	成年人：感到无法抵抗这种行为并且感情上无法接近。

孩子从生理上由他们的父母基因所决定，难以去忽视。照顾者对孩子的高能行为感到无法抵抗，要么忽视要么从感情上远离孩子，因此变得无法从感情上接近。

总结：忽视型的父母导致孩子变得不可能去忽视。孩子无意识地邀请照顾者无法接近，照顾者接受了这一邀请。

发育中曾受创伤的高能孩子学会了依赖持续的高能水平而生存（参照表6.4）。如果这样一个孩子有任何放松的机会，那他们可能容易受到伤害，要么通过直接身体威胁，要么无法从忽视型的照顾者那里获取有限的可用资源。

对照顾者来说具有挫败感，对孩子来说很悲伤，这种为了生存的高能策略在晚上也是活跃的。许多高能孩子存在许多睡眠问题。花一些时间思考一下，生活在持续的恐惧和/或需要警惕的环境中会是什么样子。补充一点，如果你需要保护你自己或者强迫某人去做你需要他们为你做的事，你几乎没有机会，因为你是如此渺小和无力。那么想象一下你自己沉溺于昏昏欲睡状态中会是什么样子。对于许多发育中曾受创伤的孩子来说，有一个长久、实在、甜美的睡眠已经被证明是一个荒谬而愚蠢的想法。

表6.3 婴儿时期的经历对高能所起的作用

长期处于下述环境中能产生可变化的生存策略需求，因此引发非典型的皮质醇水平，因而导致婴儿的非典型大脑发育：

- 忽视：婴儿需要照顾者的不断亲近，高能和警惕在吸引父母的照顾方面非常有帮助。
- 身体虐待：对危险的警惕性，需要持续不断的高心理激励，在身体受威胁的环境中是一种非常具有保护性的策略。
- 粗暴对待：例如，过分兴奋的游戏、不敏感、粗心地对待。警惕性高和体力充沛对于婴儿来说非常有益，婴儿不得不应付大量的粗暴对待，例如，把他们快速移开、肌肉紧张以保护自己或者喊叫以阻止攻击性的办法。
- 生气/其他的恐惧：例如，家庭虐待。令人恐惧和/或感到害怕的人是无法去预测的。一个警惕并且体力充沛的婴儿比一个放松的安静孩子能更好地对无法预测的行为做出反应。

上述所有观点适用于成年人和其他孩子的行为。年龄大点的孩子其行为不受适当监督时，在这种环境中，他们可能唤起婴儿对高能和警惕性的需求。

这些可变化的生存策略是在应对早期的虐待和/或忽视中形成的，由于婴儿大脑在应对他们早期环境时的发育方式而得到备份。

经历对大脑和生理造成的影响

如上述所讨论的，在婴儿时期形成的可变化的、无意识的策略变得固有，以确保孩子继续对他们出生时的环境使用最有效的关联策略。

有一些证据证明只有6个月大的孩子，其皮质醇水平（压力激素）是“正常的”（刘易斯和拉姆齐，1995年）。因此，如果一个孩子在6个月前由于高压环境，经历过持续大量的皮质醇，那么这种皮质醇水平会作为正常、合适的水平被带走，大脑作为一种缺失水平来运用，通过这种方式，大脑能够比较出任何既定环境的刺激/压力水平。

现在，设想一下一个孩子，皮质醇的正常水平和感情能量显示如大多数人认为的那样处于高水平，即在我们的感情调节器上从7到10，被放置在一个有完整级别的环境中，即从1到10。考虑一下它如何让那个孩子必须忍受激励水平，那些远远低于他们从生理上编程去理解的任何事情。在这种情况下，孩子被零下的激励环境所包围。在一个典型的家里，孩子大体上被期待居于感情调节器的较低端。然后，这个孩子被强迫，为了感知这个新世界，去树立了在那个环境中的能量水平，便于他们感到某种程度的鼓舞。

为了帮助我们理解这会带来什么样的感受，我们必须对自己的环境应用零下激励。试着运用下述表6.6中的练习，理解高能孩子会有什么样的感受，住在一个典型的收养家里并且适应他们新照顾者对适当能量水平的期待。

运用奖惩思维来思考高能孩子的后果

如果一个孩子精力充沛，例如：神经对恐惧固有并且寻求安全的行为，无法解决那种潜在需要的任何策略都可能导致问题升级，因为孩子会加倍努力地运用他们的生存策略。

如果发育中曾受创伤的孩子其高能运用奖惩思维得到理解并解决，那么他们可能把人们运用这些策略时包含的感情内化到自己的意识中，即“我的感情无法得到理解”、“我的感情（我无法控制）使我更糟糕”和/或“我的感情应该得到惩罚”。

在这些情况下运用奖惩策略，事实上是惩罚一个孩子的生存策略和综合的神经驱动力，这种生存策略使孩子确保他们是安全的。这就像是因为吃饭或者呼吸而惩罚孩子一样，这对孩子是有害的，极不可能产生效果。

针对高能孩子的移情行为管理策略

针对照顾者的移情行为管理

针对照顾者的响应式移情行为管理

照顾者运用这种理解力十分有用，即他们已经加大了自己的“感情障碍”，也就是说，那些感情反应来源于他们自己的经历，并且能够被孩子的高能/注意力不集中行为所引发。花时间去加强这些理解，将会影响到照顾者对孩子高能行为的本能反应。

照顾者试图保持移情并去理解孩子的高能行为，如同试图无意识地交流他们的过去创伤和因此的养育需求一样，这是十分重要的。

针对照顾者的预防式移情行为管理

为了帮助照顾者理解高能孩子会是什么样子，他们可以运用第二章中的自我反应和移情建立练习。试试表6.4中的练习或许也会起作用。

表6.4　高能孩子在低能环境中会怎么样

想象一下你被绑架了。你被带离你家和你的日常生活，并且被放在一个黑屋子里。你什么也看不见，什么也听不到。

你的第一反应是什么？你会做什么？

一周之后你仍被锁在一个黑暗、安静的屋子中。给你提供食物和水，但是通过门上的一个洞来提供。你从来没有听到过人说话哪怕是一个声音。

你感觉怎么样？

你会做什么？

思考一下我们或许会在某种情况下经历感觉剥夺，这有助于我们理解一个高能孩子生活在比对他们来说是“正常的”能量低很多的环境中是什么感觉。你在上述问题中确定的许多感情和策略将与高能孩子在相对低能家里经历的感情和策略类似。

对照顾者来说至关重要的是，在试图直接应对孩子之前，全面准备理解他们自己对高能行为的感情反应。这种理解有助于提高照顾者体谅孩子高能需求的移情水平。

针对孩子的移情行为管理

针对孩子的响应式移情行为管理

有节奏地安静下来

有节奏地安静下来在第四章中介绍过，相关方法用来安慰狂怒的孩子。表6.5中所列技巧是有节奏地安静下来的例子，对于高能孩子尤为成功。

表6.5　针对高能孩子的节奏性安静

下述是一个有节奏地安静下来的例子，当孩子精力特别充沛时，照顾者可能喜欢试一试。在比较安静的时候，这些也可以用作预防式策略，使高能孩子发现他们一些感情规则和能量水平。下述所有策略应该在照顾者和孩子之间的伙伴关系中完成，照顾者在使高能孩子安静下来的过程中是关键因素。

- 在照顾者和孩子之间来回滚动球。
- 拍手游戏，也可以伴随唱歌。
- 唱童谣。
- 步行。
- 蹦床。
- 一起跳舞。
- 一起敲鼓。
- 对着一面墙踢一只球。
- 在摇椅上摇动（要么照顾者坐在孩子旁边要么孩子坐在照顾者的膝盖上）。
- 把孩子放在摇篮里轻轻地摇（是的，提供足够的帮助，我就是这么做的，对一个15岁的孩子唱着童谣）。

- 吹泡泡。

孩子们通常会找到使自己有节奏地安静下来的办法。事实上，当高能孩子坚持在走廊跳上跳下或者对着后门踢足球时，这是他们正在做的。因此，如果可能，照顾者应该允许他们的孩子继续运用他们直觉的节奏安静方法，但是得加入他们。

在允许孩子继续下去会存在危险或者太具破坏性的情况下，照顾者应该适应直觉的安慰行为而不是引入一个全新的活动。这显然吸引孩子并且可能会有效，例如：如果有人在走廊里被撞倒，这可能使孩子转而在花园里跑步，为了照顾者和他们一起去跑步。踢球的活动可能会转移到房子的后墙而不是后门。这样的调整应该带着移情去做而不是申斥，因为申斥可能会引起孩子已经被激起的冲突期待和高能需求。

许多孩子通过吃东西本能地使自己平静下来，这是另一个直觉性有节奏安静下来的潜在例子。约书亚（本章前面讨论过的）过去喜欢嚼碎他能得到的任何纸张。他的照顾者会试着阻止这种行为，并且他们任何时候看他嚼纸张，都会问他嘴里是什么，如果是纸张，他们就会告诉他吐出来并且不再这么做。这使得约书亚对他的父母撒谎，不告诉他正在做什么，并且隐瞒说他没有嚼纸张。如果照顾者不允许他嚼纸张，一个可能的选择就是鼓励约书亚去嚼口香糖（许多照顾者不喜欢孩子嚼口香糖，在这种情况下，它是一种潜在有价值的调节工具）。这会使得约书亚用他自己认为可靠的有效同时也是更适合社会的方式去安抚自己。

依恋时间

第三章关于寻求依恋的孩子中包括这个技巧，对难以坐下来或者坚持一项活动的孩子来说十分有用。正如在本章前面讨论过的，伊利亚的注意力不集中问题是由于缺乏感情抑制和可用的成年人意识。依恋时间策略允许高能孩子去借助可接受的成年人的额叶，帮助坚持他们感兴趣、迷恋的活动。

照顾者可以对第三章中依恋时间的说明做出几种选择，便于对高能孩子运用依恋时间（表6.6），但是反过来把这些作为一个开端也是十分有用的。

表6.6　高能孩子的依恋时间选择

参照第三章中最初的依恋时间活动，为了将此用于高能孩子，做下述改变会十分有用。

- 照顾者应该限制包含在依恋时间清单中的活动数量。清单上有五项活动，并且适用于任何时间段的两项活动都可能成为一个好的开端。照顾者或许认为随着时间的推移可以增加更多的活动，并且他们开始认为他们的孩子可以集中注意力更久。
- 依恋时间段的长度应该缩短：20分钟或许是一个好的开端。如果孩子反响好，可以延长时间。
- 照顾者应该花费他们的时间，介绍增加的活动时间和数量。重要的是确保在做出任何改变之前，至少有一周时间参与并专注于依恋时间。
- 对照顾者来说，关键是展示对孩子活动非常强的兴趣并对此积极做出评论（运用表3.9 移情评论：黄金原则）。
- 尽量使用不分散注意力的房间。
- 照顾者需要避免因为想从事下一项活动而训练或者申斥孩子。相反，照顾者应该与孩子一起转向下一项活动，并继续加入孩子的主体活动中。

• 一开始，孩子可能想很快在两项活动间转换，然而，照顾者的专注和帮助会调节孩子的兴奋和/或精力。这个策略使用相当长一段时间之后，孩子应该能够更长时间地专注于一项活动。

睡眠安慰

许多发育中曾受创伤的高能孩子很难进入睡眠，晚上会醒并且起得很早。在许多情况下，他们似乎不像其他孩了需要那么多的睡眠。

由于高能孩子的生存策略，从神经化学方面强化了持续的警惕性（正如在本章前面部分讨论过的），他们或许不会和其他孩子那样长时间睡觉，似乎少量的睡眠就能使他们精力充沛。从短期来看，照顾者调整他们对此问题的认识而不是坚持用比较极端的策略说服孩子每天睡9到10个小时，这十分有用。

对于发育中曾受创伤的孩子而言，睡觉通常是一种易受攻击的状态，因此从生存观点来看，敏感的事情已经限制了睡眠时间。为了解决发育中曾受创伤的高能孩子的睡眠困难，我们必须解决的不是他们的睡眠需求而是需要醒着的非常实际的需求。

当一个发育中曾受创伤的孩子遇到睡眠问题时，首先，重要的是解决他们感觉安全的需求。因此，照顾者应该把孩子醒着的时间以及他们应该处于睡觉的状态，视作建立依恋的机会，就像对待一个小婴儿一样。照顾者可以鼓励孩子待在他们自己的床上，但是这么做时要理解孩子离开照顾者时会出现睡不着的问题。表6.7提供了一些睡眠安慰策略的例子。

表6.7　安慰睡眠少者

要点

• 照顾者应该有意识地把孩子视作不安静的婴儿。

- 对于照顾者来说，首先确保房间本身不会让孩子难受，然后与孩子一起进入房间，布置房间，在一个安全、适合休息的地方就寝，这十分有益。
- 照顾者应该跟上孩子的精力层次，逐步使他们安静下来，而不是强迫孩子具备他们认为孩子应该有的精力层次。

需要尝试的策略的例子

- 照顾者可以试着给孩子提供一些身体接触的机会。对照顾者来说，最好的办法就是挨在孩子的旁边或者床上（如果这个违背了安全关爱政策，那么应该提前与照顾者的监督社会工作人员讨论）。
- 对于一些孩子来说，紧挨在一起最初会太有强迫感，所以，照顾者坐在孩子旁边的地板上时，可以试着举起他们的手或者抚摸他们的胳膊。
- 照顾者和孩子紧挨在一起时，照顾者可以给孩子讲故事或者唱童谣（甚至对十几岁的青少年，要勇敢！）
- 照顾者可以抚摸孩子的头发并温柔地讲述：孩子的事、照顾者的事、明天会发生什么事、一起看过的电视节目。
- 有节奏的安静策略或许也有用，但是应该适合就寝时间。
- 如果这个孩子精力太过充沛而无法做任何安静、轻柔的活动，照顾者必须通过更加清醒节奏安静策略来回应（表6.5）。

运用这些睡眠安慰策略时，养父母或许需要与他们的监督社会工作者谈谈他们机构的安全关爱政策。然而，关键是为夜里不睡觉、发育中曾受创伤的孩子提供一次积极、安慰的经历，因此，重要的是找到一种办法，如果必要，与合适的专业人员通力合作，去落实这些安

慰策略。

当睡眠安慰策略应用一段时间后，如果高能孩子明显能睡得时间长一些，那就可以开始使用一些更常用的技巧，帮助孩子在没有成人安慰的情况下去解决睡眠问题。

针对孩子的预防式移情行为管理

有节奏的标尺

这项策略被称作有节奏的标尺，因为它使用有节奏的安静策略，但是它就像一个音阶一样被使用。有节奏的活动用于上下调节孩子的精力水平。这能使孩子运用我们的调节器去经历从1到10这样完整的精力水平，而不是有限的范围。这也能使高能孩子的实践从一种状态过渡到另一种状态，以至于过段时间，他们可以内化这种经历，用于他们日常生活中的感情和精力调节。

把有节奏的标尺融入一个故事中，非常有效，因为这可以帮助捕捉孩子的注意力，并规划孩子的精力水平。表6.8包括一些如何应用有节奏的标尺的例子。

表6.8　有节奏的标尺

下述任何故事或者其他个性化的故事都可能用来帮助高能孩子，去经历更广范围的精力等级，并且实践如何控制两个等级间的活动。重要的是照顾者与孩子一起做这些练习，并且上下移动标尺。

警卫职责

这个故事可以运用两个真实的名字，我过去一直使用曼吉特（Manjit）和帕尔温（Parveen）。

“曼吉特和帕尔温是两名在外行军的士兵（就像在本故事中一样，

让我们去行军吧），他们在临时军营负责守卫前门，有大量的时间，并且一直在常规的地方走动。

在走向大门的路上，他们偶遇鲍勃（Bob）警官，他正在太阳下睡觉。如果他们叫醒他，就会陷入麻烦，所以他们踮着脚尖蹑手蹑脚地经过（就像故事中一样蹑手蹑脚地经过）。

当士兵曼吉特和士兵帕尔温经过鲍勃警官时，他们加快了脚步，因为他们晚了，因此他们尽可能快地往前走（我们也尽可能快地这么做！你可以尽一切可能地快速前进！但是确保你一直在行军中！）。

快速行军一会儿，曼吉特和帕尔温最终看到了眼前的大门。到这时，很幸运，他们还有点时间，因此他们放慢速度，并且真正放慢了呼吸（现在我们也慢下来行进）。

在他们放慢脚步一会之后，他们看到军士长在看得见的大门那儿。他们不想让人看到他们松懈，因此加快了脚步，但只是一点点，达到正常的行进步伐（快一点但不要太快！）。他们最后到达大门那里时正好是警卫时间！”

风大浪急的海面

因为这个故事，你需要一只篮子和你孩子喜爱的一件玩具，一件有个性的玩具，比如一只玩具狗和一只泰迪熊。

要求孩子用胳膊高高举起篮子的一端底部，你举起另一端的底部，并且把玩具放在篮子的中间。然后你开始讲故事。

“一天，泰迪在船上，船在海里。可爱安静的泰迪待在船上，太阳照耀着，海浪非常轻柔地摇摆着船（我们让泰迪的船轻柔地摇）。但是过一会儿之后，海上的风越来越大，海浪越来越急（我们也让泰迪在海上的船感受到浪急，虽然只是一点点）。风越来越大，浪越来越高（逐步加大海浪的波动幅度，并鼓励孩子也这么做）。哇！海浪现在真的很高！抓住泰迪！一会儿之后，风变小了一点，泰迪的船晃得不那么厉害，但是海上仍然十分危险。风刮着惊恐的泰迪，虽然感觉好点了，但是风仍然有点猛烈。直到风停了，泰迪回到海浪轻轻摇动着的状态中。”

在这个故事中，你可以上下调节风速许多次，正如对你们两人来说，那是令人愉悦的享受。

拳击垫子（pillow punch）

你也可以用这个，比较简单而有节奏的标尺类型，鼓励孩子重击或者掌击大软垫，你可以把垫子举在你们两人中间。确保是一个大的好的垫子，能够保证两人的安全。

开始鼓励孩子轻打垫子，逐步加大力气，用不同的精力等级越来越重地击打。鼓励孩子并且通过声音和身体语言加入不同精力等级中。

预防式移情评论

移情评论可以用作针对精力充沛孩子的预防式和响应式策略。表6.9包含一些照顾者可以试用的移情评论例子。运用移情评论时，非常重要的一点就是孩子表现出的语气和精力等级要通过口头和非口头交流来得到反馈。

表6.9　对高能孩子的移情评论

下列表述移情评论的例子，照顾者可以试用于高能孩子。照顾者应该轻松感受到把他们自己武装起来，但是这应该参照第三章表3.9中的黄金原则来做。

• “哇！你精力太旺盛了！我想知道你是否准备好像过去那样保护

自己！”

- “我的天哪，你精力太旺盛，我跟不上了。我要结束了，让你伤心了！不是吗？对不起！”
- “每次太难集中一件事情了，你从来没有试过和其他人一起坐着享受你们一起玩的时光，毫无疑问，很难一起做一件事！”
- “今天你继续坐下来真的很困难，你对所有事都太兴奋了！”

表6.10　记住有关高能孩子的事情

理解它如何起作用

- 高等级的精力可以在那些高等级的危险/或孩子确定他们最大限度地利用他们的父母/照顾者的环境下得到适应。
- 高等级的精力，在发育中曾受创伤的孩子中，可以被视作明智的超高警惕性。
- 他们的感情和压力得到理解和移情，没有这种早期经历的孩子在童年后期和成年时难以管理他们的感情和精力等级。
- 发育中曾受创伤的高能孩子通常会获取有限的感情精力范围，例如他们的感情调节器在7到10之间。
- 婴儿时期对超高警惕性需求从神经方面会变得固有。因此，任何没有达到非常高的精力等级的环境，对于这些孩子来说都相当于感觉剥夺。为了避免这种表面的刺激缺乏，高能孩子通过他自己或者其他任何必要的方式创造更高的精力等级。

理解要做什么

- 针对照顾者的移情行为管理
- 响应式策略：

    - 照顾者对人们自己感情反应有一个好的理解，这可能会帮助他们变得更安静并且对他们自己的反应做出更少的判断。
    - 照顾者不应该尽力去否定或者掩盖他们的感情，而是理解并为之工作。
- 预防式策略：
    - 照顾者可以运用表6.4，帮助他们去理解高能孩子住在低能环境中的感受。
    - 照顾者应该致力于发展他们对高能孩子反应的认知。
    - 全面研究孩子的过去，有助于照顾者去理解并评估孩子所用的高能策略。
- 针对孩子的移情行为管理
- 响应式策略：
    - 有节奏地安静。
    - 依恋时间（带有各种变化）。
    - 睡眠安慰。
- 预防式策略：
    - 有节奏标尺。
    - 移情评论。

第七章

为控制权搏斗

Why can't My child behave

当面临孩子的控制行为时，照顾者的首要目标是要注意到他们受邀竞争控制权。在这种情况下，牢牢记住最终目标是与孩子共舞而不是争斗，这十分有用。

控制行为是照顾由于虐待和忽视而遭受创伤的孩子时面临的极其普通的问题。这种行为的普遍性更加值得注意，因为它大部分来源于童年经历。

感觉被一个孩子所控制，往往导致照顾者认为他们需要评估他们对孩子的控制力，设想一下这个孩子一直是在没有足够连贯的“规则和界限”的情况下养育的。了解感受到被孩子控制的这种主观经历，在确定孩子为什么会形成这种“处理关系”的方式十分重要。不是了解并理解感受被控制的经历，更加令人动心的是，确定日复一日要经历的特殊问题，例如：依恋规定的日常事务、不遵守各种界限、吃饭挑剔、难以与照顾者分享等，运用奖惩技巧去尝试着阻止个别问题。

把由于虐待和/或忽视而遭受创伤孩子的控制问题概括成一个变形问题，其困境通常导致无法理解其重要性。然而，它具有的影响力，尤其对孩子和照顾者之间关系的影响力，可以是巨大的。照顾控制性孩子的照顾者通常会感到被主导和/或被操纵，这种感觉对亲密关系非常有害。

控制行为的例子

在本节中，我将讨论两个年轻人里基（Ricky）和米莎（Misha），他们两个提供了控制行为相互矛盾的非常极端的例子。里基主动控制他周围的一切，米莎比较被动，但绝对控制她的环境和与其他人的互动行为。需要去控制的许多孩子不会像这两个年轻人一样极端，但是他们故事中的主题或许让人熟悉。

里基

里基是一个17岁的男孩，之前与他母亲、偶尔和父亲一起居住，11岁时被当地机构照顾。6年间他被转移过18个地方。我遇到里基时，他住在一个住户的家里。

里基的家庭经历来自他父亲对他和他母亲的兽性暴力以及他母亲的部分忽视，他母亲终身受到恐惧和抑郁困扰。里基一直尽最大努力从感情和身体上照顾她，但是他总是失败，因为任务太艰巨，并且他父亲太残酷。照顾里基的那些人都死了，所有人对他来说都很重要，他的母亲和父亲被怀疑服用了过量药物，他祖母自然死亡。

里基试图控制他生活中的每件事，如果有人想去挑战他的控制，通常是为了有效照顾他，他会忽视他们，叫他们的名字，嘲笑他们，向他们吐口水并且攻击他们。里基总体上来说是一个非常具有威胁性的人。他不回应任何限制他行为的尝试或者对他生活的任何形式的影响。例如：里基支配他睡觉的时间（他会待到5点）和他要去的地方（他出去一整天并且没有人知道他去了哪里）。此外，里基通常会精心挑衅工作人员，去得到他们的反应，并且一旦他们做出反应他就会攻击他们。

里基会控制他参加的任何谈话，通常不允许其他任何人说话，并且在其他时间，惩戒、胁迫并且嘲笑对他说话的人。里基也会通过说一些似是而非的谎话让人们手忙脚乱，从而施加控制力，并且创造一种情景，只有他是其中唯一知道真相的人。他也会把自己描述成一个强大、危险并且重要的人物，便于控制人们对他的认识。我将在第八章中更加详细地讨论里基的谎言。

里基所住家里的成员通过不同方式做出了回应，许多人面临他的胁迫都在努力表现自己的权威，并且变得比他还胁迫人，因此，里基通常会在身体上受到限制。其他成员尽其所能去忽视里基，放任他去做他想做的任何事，他们很少与他说话，并且带着轻蔑和厌恶。很显然，家庭成员的反应映射出了里基父母的反应（参照表7.1）。

总而言之，里基的控制需求是绝对的，并且他的方式具有破坏性。

表7.1　关系复制：控制

出生家庭经历

成年人：		孩子：
婴儿时期，把他们的意愿强加在孩子身上，例如：对孩子的需求不回应。	→	无意识地寻求成年人对他们感情需求的满足，例如：控制。

婴儿时期，父母对孩子的需求不回应，即把他们的感情安排强加在孩子身上，或许采取忽视或者强迫人接纳的照顾形式。因此父母不能管理孩子的感情，制造吵闹、恐吓的感情环境。孩子害怕并反抗，以便使他们的需求得到满足，并且克服他们经历中不可预知的事情。因此，孩子尝试无意识地去控制他们的环境。

收养家庭经历

孩子：		成年人：
无意识地寻求去征服他们环境中不可预知的事情，例如：控制。	→	忽视对孩子尝试强加给他们自己意愿的反应，并且通过控制他们自己过分补偿，导致孩子经历不可预知的事情。

孩子运用他们无意识的策略，从感情并且可能从身体上对由于忽视或虐待引发的吵闹世界强加命令。为了养育这个孩子，照顾者通过更强大的努力去控制，对孩子的控制做出回应。这种养育需要孩子比

照顾者更少的力量和控制力。因此，照顾者把他们的养育模式强加在孩子身上，这使孩子感到控制力减少了，因此缺乏安全感。

总结：这种不协调和不回应的养育方式导致孩子通过控制他们的环境去营造稳定的氛围。在他们的新家里，孩子无意识地邀请照顾者处于受控制中。照顾者接受这一邀请。

米莎

我已经在第五章中谈到过米莎的解离状态。米莎的解离是一种控制她世界的方式，并且正如里基的方式一样强大，但是是一种非常不同的方式。

米莎是一个14岁的女孩，已经与她的长期养父母住了两年。她与她母亲住在一起时曾受到过严重忽视，其间她频繁被独自锁在浴室里几天。她的母亲患有严重的精神疾病，很少与米莎互动，甚至把米莎锁在外面。米莎来到养父母家时11岁，已经缀学大约两年。

米莎通过限制她与所处的环境和该环境中的其他人互动而施加控制力。当米莎被要求做任何事时，她要么忽视这个人的要求并且继续她自己的事，要么完全愣住并且把自己解离在外不做出任何互动。通过这种方式，米莎对其世界的控制是绝对的，她很少参与甚至了解她没有发起的任何事情。

米莎的解离导致她周围的成年人很有挫败感并且愤怒，从而导致一段时间之后频繁地忽视并且不理睬她。

其他例子

正如我已经叙述过的，里基和米莎展现了相当极端的控制行为等级。

在孩子控制他们的世界并限制其他人控制他们方面有更多狡猾的方式。

控制行为通常发生在其他孩子和照顾者身上。许多发育中曾受创伤的孩子参与的手足间冲突，是因在分享、决定谁做主或者有关公平的看法方面存在分歧而引发的。在发育中曾受创伤的孩子其手足关系通常存在复杂性（参照第十章），但是这些因素能够部分地被理解为所控制的感情被拿走而引发的。我将在本章后面部分讨论，为什么没有控制，这是我们所有人必须在某一种程度或另一种程度上容忍的一种不舒服的感情，尤其对发育中曾受创伤的孩子造成威胁。

正如在第四章中所讨论的，狂怒通常由设限和说“不”引发，虽然绝对常用的养育方式在成年人控制他们的孩子时都只是小打小闹。大多数孩子能够容忍这些策略，因为许多发育中曾受创伤的孩子允许某人去控制他们，可是这在过去已经被证明是极其错误的。

典型策略

正如上述里基和米莎的故事中所展现的，对发育中曾受创伤孩子的控制行为的本能反应，在大多数情况下要么升级并反过来施加控制力，要么忽视并不予理睬。

大多数人的自我观念足够强大以至于想坚持自己的权利，他们的本能是去找一种办法，使他们自己免受控制性孩子的明显操纵和主导。养育的奖惩策略支持这种本能并且鼓励照顾者摆脱孩子的控制，并把自己放回“驾驶”位置。

面临控制行为的照顾者，会频繁使用“如果你给我一寸我还你一尺”的原则，即他们将接受孩子强加的所有类型的控制，并提供渐减的自主权。例如：孩子被给予了晚餐吃什么的选择权时，会尽力要求每餐吃什么，当满足不了他们时就会非常生气，也想控制家里其他人吃什么，典型的奖惩策略会使孩子的所有选择都被收回，并且提供更加固定的饭菜。

照顾者被引导采取的措施就是走到相反的一面，放弃与孩子关系中的所有权利和力量，因而放任孩子按他们的想法去施加控制，也因此放弃所有义务，例如：早几个小时就允许孩子在床上看电视，或者允许孩子把脏的碎瓦片留在卧室里。

弄清楚控制需求的意义

在尝试理解许多发育中曾受创伤的孩子需要持续控制他们的环境，包括周围的人们时，移情行为管理模式（图7.1）中的所有因素都需要考虑：联系需求、感情管理、创伤记忆、固有生存策略、经历对大脑和生理的影响以及羞耻。

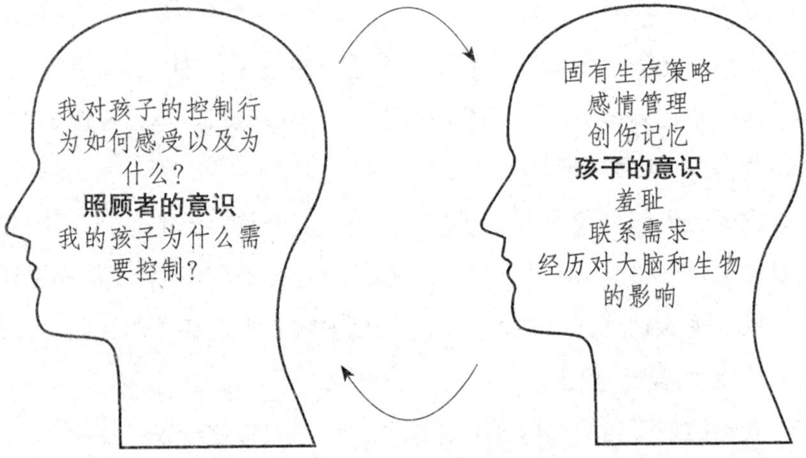

图7.1　需要控制的孩子的移情行为管理模式

联系需求和感情管理

发育中曾受创伤的孩子感到有控制的冲动，这个事实揭露了孩子与其他人关系的早期经历大多数是什么样子的。

最初，婴儿完全不能管理他们自己的感情。为了发展这种管理技能，他们需要联系成年人，并且从成年人那里获得管理自己感情的经验。因此，一个完全独立于他人的婴儿需要毫无保留地表达他们的需求。这种表达是天生的冲动，婴儿在这个阶段没有“保留”的能力，他们的表达需求是无意识的，目的是婴儿和初学走路的孩子需要毫不妥协地控制（你或许想试试第三章表3.2中的婴儿哭泣练习，便于实践这个）。

为了从婴儿必须的控制中移开，人们不得不通过实践来培养信任其他人和他们周围的世界。这种信任一旦形成，可能会容忍其他人的控制，因为相信（1）我们会得到反馈；（2）其他人不会对我们滥用他们的控制，这是合乎情理的。

因此，推想一个孩子已经把控制发展成了一项策略是合理的，因为在过去，与他最初接触的照顾者没有通过互惠的方式管理他们的感情，他一直处于危险中，或者在某种方面让人特别讨厌。最终，婴儿在身体和智力上是如此无力，以至于面临压力时，他们必须增强他们获得的任何控制方式。因此，发育中曾受创伤的孩子坚持控制策略，与世界和人们互动。

简而言之，控制型的孩子可能在婴儿时期有过这样的经历，如果孩子没有强迫去那么做，世界（通过与他们的父母/照顾者互动理解的）就不会满足他们的需求。因此，在缺乏精心照顾的情况下，孩子需要继续迫使世界去纵容他们幼稚的感情冲动。不幸的是，后期的良好照顾与对世界的这种理解相矛盾，这需要很长时间去产生影响，因为早期的理解已经变得固化。

创伤记忆

对于许多发育中曾受创伤的孩子，其他人控制他们的早期经历会一直引发挑衅、危险和/或明显的恐惧。在婴儿时期的这类经历记忆不会通过理性、口头故事存留，而是作为感情被控制的阴云贮存起来。因此，当这些无形阴云的某一朵被其他感情和/或感情经历引发时，控制行为可能被激发出来。感情失控的经历加上增强的压力或许会引发控制意图。

固有生存策略和经历对大脑和生理的影响

就控制性孩子而言，想摆脱成年人或其他孩子的控制，在缓解外部世界虐待和/或忽视的影响方面可能或不可能有任何有意义的成功。然而，这总是提供给孩子幻想，控制能得到安全感。

控制需求被频繁激发时，会导致婴儿大脑去开发周围的这种需求，便于支持其用途。因此，它会变得固有，以确保孩子立即并且本能地获得这种策略，作为默认选择。

羞耻

婴儿最初是完全以自我为中心的，即他们没有其他人的概念。对他们而言，他们的经历只是唯一存在的经历。正如我已经探讨过的，早期创伤通常导致孩子一直坚持某种婴儿阶段的认知发展。因此，许多发育中受过创伤的孩子仍然保持那种状态，即接受他们是控制世界的唯一的人。

控制的必然结果是责任感。因此，如果孩子认为他们应该有控制权，那他们会通过唯一的、个人的责任心理解发生了什么（图7.2）。我相信许多照顾者会承认孩子在把他们早期经历的任何责任归因于他们的父母方面存在困难。事实上，许多孩子自己会对在父母那里遭受的虐待和/或忽视承担责任。

因此，如果发育中受过创伤的孩子不得不处于控制中，并且认为他们自己对结果负有责任，那么他们会责备自己，这不足为奇。这种自我责备也可以视作羞耻。

这个循环是许多发育中受过创伤的孩子的真实表现，因为他们对世界有一个以自我为中心的认识，即没有形成他们内在经历之外任何事情的概念。

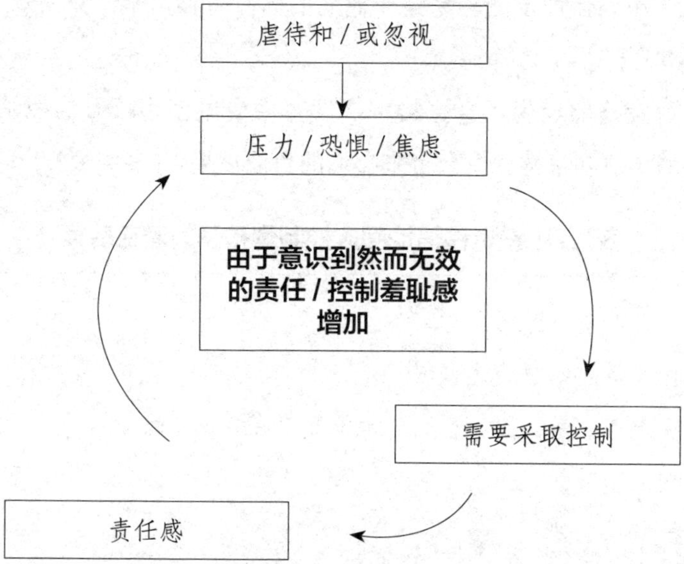

图7.2　受过创伤孩子的控制——责任循环

对控制型孩子运用奖惩思维所带来的后果

总之，与一个发育中受过创伤、需要去控制的孩子竞争控制权只会导致孩子加倍去保持控制权。最终，基于奖惩策略在减少受过创伤孩子的控制行为方面不会有效果。事实上，这种策略对于照顾者和发育中受过创伤孩子之间关系的作用可能会强化愤怒、怨恨和敌对，削弱怜悯和移情。

另外一个选择就是如果照顾者允许孩子拥有完全的控制权，他们会继续感到完全有责任，并且不会形成信任别人的能力。然而，这种策略在短期内可能会使孩子感受到更多的安慰。

通过申斥、不赞成等方式惩罚控制行为，总是会导致孩子的羞耻感增加，因为他们不能轻易改变他们的固有生存策略，只是对改变它仍然抱有责任。

奖惩策略的运用不会直接解决发育中受过创伤孩子的控制需求，对孩子的感情和精神健康会带来长期的负面后果。（参照表7.2）

表7.2　没有移情地回应控制型孩子的潜在后果

- 同龄人关系困难。
- 在各类关系中缺乏信任。
- 在未来关系，例如家庭虐待方面存在控制潜力。
- 吃饭无节制。
- 社交孤立。
- 暴力行为。
- 滥用药物和酒精。
- 自我伤害。

针对控制型孩子的移情行为管理策略

针对照顾者的移情行为管理

针对照顾者的响应式移情行为管理

当面临孩子的控制行为时，照顾者的首要目标是要注意到他们受邀竞争控制权。在这种情况下，牢牢记住最终目标是与孩子共舞而不是争斗，这十分有用。

拔河警报

处理与孩子争夺控制权的一个有趣的办法就是共同听拔河警报。

如果说照顾孩子对于照顾者就像一场拔河比赛的话，那么这或许对理解这种困难和使照顾者与孩子一起做事是一个有用的类比。在比赛中，一个人拉得越用力，另一个为了不失利就需要更加用力。相互作用的行动使得两人参与的行为永远继续下去。

对照顾者来说，重要的是注意他们计划参与拔河的时机。比如说，如果照顾者注意到绳子的存在，他们就有更好的机会达成一致意见放下绳子，所以无论是照顾者还是孩子都没有必要去拉。照顾者注意到正在发生的事时，可以评论与孩子的进展情况，例如："看，我们好像在战斗，无论在哪儿它都抓不住我们！"

当两人在拔河时，照顾者也可以及时鼓励孩子去注意。然后进入一场游戏，照顾者或孩子可以由此听到拔河警报。这可以通过由某个人简单大声地说出正在发生的事来完成，或者用一只铃铛或者鼓来发出警报，这样会使游戏更有趣。无论在何时听到警报声，照顾者和孩子都必须达成一致，放下绳子，回到问题中来，并且找到解决问题的不同办法。

针对照顾者的预防式移情行为管理

重要的是，在试着对孩子直接使用移情行为管理策略之前，照顾者要做一些全面的准备工作，理解他们自己对孩子控制行为的反应、想法和感情。本书前两章也有助于完成这一进程。

针对孩子的移情行为管理

针对孩子的响应式移情行为管理

响应式移情评论

无论何时使用移情评论试着去管理孩子的感情，帮助孩子理解他们自己的内心世界，黄金原则都应该作为参考（第三章表 3.9）。表7.3提供了一些移情评论的例子，可用于照顾者直接应对孩子的控制行为。

表7.3 对控制行为的移情评论

下述是移情评论例子。它们可以用作开端，但照顾者应该遵循第三章表3.9中的黄金原则自主设计。

- “噢，你自己做出决定时感觉会更好，我能理解。”
- “你希望不受控制这不足为奇！反过来，你在家时，必须保证你和你弟弟的安全！”
- “对不起，我做出的决定让你感到如此讨厌。我认为这是因为过去大人没有对你做出善意的决定，但我们要坚持我已经说过的话，对不起。”
- “糟糕，我要求你关电视，让你感到如此烦恼，因为你想拥有控制权。我猜一定是我认为的那样，但我保证这是因为我担心你。”
- “你想告诉你妹妹要做什么，这不足为奇！如果你不在控制之下，你会感到真的很糟糕！你已经控制她这么长时间了。”

- “对不起，我还是不能完全理解你不行使控制权时为什么会感到如此糟糕，但我真的努力做了并且努力使其感觉更好。”

针对孩子的预防式移情行为管理

允许控制

允许控制的目的是照顾者主动给孩子能做那么多事的控制权，与此同时不允许他们负责那些不公正和/或不合适的事情。在允许控制技巧方面，照顾者也和孩子交流，他们理解孩子的控制需求意味着他们也不得不承担大量的责任。当孩子成功解决这些问题时，照顾者应该分享孩子的快乐。

运用允许控制技巧要记住的要点是：

- 照顾者应该对孩子如何更好地处理控制和责任小题大做。思考这个问题应该移情地分享孩子的快乐和成功而不是称赞他们(称赞来自奖惩思维并且需要评估孩子）。
- 照顾者和孩子应该共同努力,积极为孩子的安全控制提供便利。
- 在他们给孩子控制权之前，布置详细的允许控制任务（参照表 7.4），这对照顾者十分有用。支持他们取得成功。
- 照顾者应该确保孩子理解任务的详情，给他们提供感受控制的最好机会。

如果孩子难以应付他们已经在控的任务，照顾者坚持收回控制权十分重要。

表7.4 允许控制任务

下述例子是照顾者可以用来把控制权交给孩子的任务。例子可以用来帮助照顾者对特殊任务产生想法，特殊任务会给孩子提供最好的机会，去安全地感受控制权、取得成功，让他们自己感觉良好。

- 选择家庭活动：
- 设计一个表格，例如：半周。全家一起参与，但孩子负责调整表格。
- 食物：
- 选择要去买的食物并写下购物清单。
- 购物。
- 选择在特定的日子里要烹饪的东西。
- 烹饪。
- 掌管定时器，提醒要准备食物了并且提醒你这个事实。
- 就寝时间：
- 设置闹钟。
- 负责叫醒家里其他人（如果你认为需要把闹钟设置得比他们晚10分钟，以确保每个人都起床，请直接给孩子解释）。
- 负责确保其他人遵守他们的就寝时间（只要控制权在兄弟姐妹之间就得平等分配）。
- 选择就寝时看的书籍。
- 选择你上楼阅读或者你躲在被窝里读。
- 琐碎的事：
- “我可以靠近窗帘吗？”
- “我可以开着夜灯吗？”

- “我可以关上门吗？”

允许控制技巧可以合并绝大多数活动，所选的活动并不总是会成为孩子的优先选择。目的是给孩子一个控制他们能够适当处理的那些事情的选择权，应该会减少他们在其他领域的控制需求。

或许有些孩子想去控制的任务会对他们造成伤害。对于这些活动，照顾者会发现“封闭式控制”（contained control）十分有用。

封闭式控制

封闭式控制需要照顾者和孩子进行谈判，这应该通过运用孩子很强的责任感的方式去完成，并培养他们做决断的能力。

对于任何封闭式控制活动，照顾者和孩子应该一起制作表格（参照图7.3），详细说明哪个部分由谁控制。非常重要的是孩子控制的部分要比照顾者的多，如有必要，可以通过制订详细计划来完成。孩子可以决定每项活动的顺序、表格的颜色、所用图片等。照顾者主动听从孩子在这些问题上的决定。表格打印出来并分装好。重要的是照顾者在确保家里其他成员注意到该表格方面给予孩子支持。

在这方面，大卫（David）是一个喜欢拥有控制权的孩子。

预防式移情评论

总是会有一些事情，照顾者不能给孩子控制权，同时还得负责任地养育他们。例如：他们是否跑过繁忙的马路，或者继续踢打他们的妹妹。这类情况向照顾者提供了很大的机会，在容忍孩子缺乏控制力方面支持他们的孩子，在对与他们照顾者之间关系形成某种信任方面帮助孩子。

在这些情况下，最好的策略就是移情评论。这种技巧会帮助孩子应付由于缺乏控制而固有的感情混乱，例如：生气、恐惧、失职、改变规则。

史密斯（Smith）家：早晨的日程安排

6 时 30 分，大卫的起床闹钟响；

6 时 40 分，大卫叫醒简（Jane）和罗布（Rob）；

6 时 45 分，罗布：下楼为每个人准备茶点；
简：叫艾丽西娅（Alicia）起床，并确保她洗漱并穿好衣服；
大卫：把早餐放到桌子上并提醒罗布，如果他那天有体育课的话。

7 时 00 分，罗布和大卫一起看电视；

7 时 15 分，大卫洗漱并换衣服，大卫确定在他用完之后浴室是整洁的；

7 时 30 分 全家人一起吃早餐，大卫把谷物拿出来，罗布做吐司；

7 时 50 分 大卫提醒每个人他们必须吃完早餐，准备好按照规定离开；

8 时 00 分，大卫从楼下拿出他和艾丽西娅的包，简洗碗碟；
艾丽西娅和罗布穿好鞋子和外套；

8 时 05 分，每个人离开家去学校和上班！

图7.3 一张封闭式控制表格的例子

表7.5 记住争夺控制权的事情

理解控制行为如何起作用：

- 对于许多人来说，处理孩子的控制行为时，本能要求让孩子远离控制（遵循“给他们一寸他们要一尺”的原则）或者放弃，把所有控制权给孩子。
- 控制和责任是同一枚感情币的两个面。
- 感到被迫去控制的孩子，过去不得不应付照顾他们自己和其他人（父母、兄弟姐妹等）的过多责任。
- 控制的冲动是由于其他人施加控制（导致忽视或虐待）这一令人讨厌的经历而形成的。
- 孩子的控制行为是对早期经历的适应性回应，这种经历即不得不迫使世界去满足他们的需求并确保自身安全。
- 有控制力的其他人会激发孩子早期经历中的创伤记忆。
- 当需要与婴儿时期保持一致时，对控制其他人的适应性策略会变得固定。
- 处理发育中受过创伤孩子的控制行为时，由于孩子不连贯和不准确的责任感，运用奖惩策略会增加孩子的羞耻级别。

理解要去做什么

- 针对照顾者的移情行为管理
- 响应式策略：
- 照顾者对于他们自己的感情反应是什么有一个好的理解，有助于他们更安静，并且较少审视他们自己的反应。
- 照顾者不应该试着去否定或者掩盖他们的感情，而是去理解并与其协调。

- 拔河警报。
- 预防式策略：
- 照顾者应该致力于培养他们对可控性行为反应的认识。
- 针对孩子的移情行为管理
- 响应式策略：
- 响应式移情评论。
- 预防式策略：
- 允许控制。
- 封闭式控制。
- 预防式移情评论。

第八章 说 谎

Why can't My child behave

不要从客观、口头方面预知孩子所说的事情是否真实，解决“谎言”中的感情、本能真相在哪里十分有用。要这么做，重要的是发现“谎言”中的感情主题。获得这种理解有助于增加照顾者与孩子间关系中的积极性和移情，并对他们的移情评论提供帮助。

当孩子把他们早期学到的复制策略应用到新家时，照顾者通常感到被操纵。说谎是孩子处理他们关系和人们对他们感知最直接的一种方式。照顾者发现这种策略很难弄清楚和应对，因为有一种倾向，把诚实和信任视作有针对性关系的基石。欺骗是非常具有挑战性的，因为它隐藏在那些维持良久的假设关系之下。

在下述章节中，我们把曾受创伤孩子的谎言分成了三种类型。每种类型都有特别的功能和解释，这有助于弄清楚谎言的意义以及他们如何被孩子利用。我也帮助照顾者思考了几种方式，每个故事都提供了丰富的信息来源，这些信息是关于孩子“现实”的真实性的。我们大多数孩子理解的现实不是固定不变的，而是相对流动和可改变的，对“谎言”这个词使用引号表明故事被视作“谎言”的同时，也可能包含大量的“真实”成分。

例子

错误的指控

许多照顾者都会遭受可怕的经历，比如他们正在照顾的孩子会针对他们提出一项指控。这些对于大人和孩子间的关系来说是最让人受伤害的“谎言”，但是由于处理“谎言”中的系统性困难，正如各类关系中的创伤表现一样，他们也会受到伤害。通常会过分简单化地假设孩子要么恶意说谎，要么照顾者虐待了他们，会使问题更难处理。

补充而不是简化指控方法最重要的细微差别在于，第一，孩子可能对照顾者做出了错误指控，相信他们是真的。在这类情况下，指控可能源自创伤记忆的解离性再现；第二，由于复杂的关系复制进程，虐待和/或忽视的关系动态可能出现在孩子与照顾者的关系中，复制进程在孩子早期的（各类）创伤关系中已经建立；第三，任何虐待和/或忽视经历一定会得以传达，然而，理解他们的原因至关重要。

下面是孩子所做指控的例子，被证明这些指控是错误的。

凯利（Kelly）

凯利是一个8岁的女孩，5岁起一直与养父母吉尔（Jill）和巴里（Barry）住在一起。她一直受到父母的严重忽视，直到4岁时才得到照顾。凯利的父亲嗜酒如命，在凯利4岁期间，她的父亲似乎从家里搬出搬进的。为了争抢他们能得到的有限食物，她的大哥加里（Gary）经常踢打她。她的父母似乎也经常卷入与家里来客的肉搏战中。凯利告诉我，有一次她报警了，因为她妈妈和两个女访客打架，她被吓坏了。这可以从社会服务记录中得到证实。凯利一直都是暴露家里信息的人，她开始上学时就告诉了一位老师。

总体来说，凯利在她的养父母家做得很好，与她的养父巴里相处得也很好。然而，她难以与她的养母吉尔培养积极的关系，她经常与吉尔争执。

因为天黑了，吉尔要求凯利不要在花园里玩，回家来。巴里当时不在跟前。凯利大声抗议说，她想待在外边，吉尔没有耐心回应。吉尔要求凯利上楼并把衣服换了，因为她的衣服脏了，她拒绝了，吉尔把一只手放在她的背上，让凯利上楼。这时凯利尖声喊叫，并且狂怒。吉尔走开了，因为她感到她在那里没有效果。随后的几分钟，房子里一片沉默。吉尔寻找凯利，担心她。几分钟之后，吉尔发现凯利拿着便携式电话蜷缩在餐桌下面。凯利呼叫了急救服务，并且用一种急迫而颤抖的声音告诉接线员，吉尔对她拳打脚踢。

朱尔斯（Jules）

朱尔斯是一个15岁的女孩，一直与她的母亲和她母亲不同时期的伙伴住在一起。她一直遭受她母亲至少两个伙伴的性侵。朱尔斯解释说，她母亲知道所有的性侵行为，这不是秘密，她母亲不理睬朱尔斯的反抗。

朱尔斯一直与她的单身养母照顾者贝文住在一起。在我涉入之前，朱尔斯已经与贝文一起住了9个月。自从7岁受到关注，朱尔斯已经换了11个地方。

有一次，朱尔斯和贝文激烈争论朱尔斯拒绝上学的事。相当长一段时间之后，两个人达成了和解——朱尔斯回她的房间，贝文去楼下做家务。

贝文所不知道的是，朱尔斯把自己关在卧室里，并把柜子堵在门前，几个小时之后，给她的社工打电话，告诉他贝文把她锁在卧室里了并且不让她去上学。

这次指控导致贝文的实际情况和朱尔斯的“诚实”接受了冗长的调查。

树立为一个有用形象

树立为一个有用形象的“谎言”通常不会引人注意或者变成“不可尽信”的信息，例如：“今天的足球比赛我得了16分！”或者，“梅根（Megan）跌倒了，我是唯一抓住老师的人，每个人都说我很棒，并且希望所有娱乐时间里跟我玩。”然而，有时这些故事太不实际，大人很少会相信。这通常会迷惑并使照顾者身心疲惫，因此，导致照顾者认为他们的孩子不仅是在试图欺骗他们，而且他们分不开幻想和现实。

为了在这类故事中找到真实的东西，关键是透过表面看，并判断如果是真的，那么谎言会解决什么问题，如果相信那些话，那么这会对孩子产生什么样的积极影响。下列例子是关于树立为有用形象的“谎言”的。

内森（Nathan）

内森是一个11岁的男孩，最近才被带来照顾。他搬来是因为据说他母亲死后，他父亲忽视他。我们不清楚他母亲死前他是否遭受忽视。

在我涉入之前，内森已经与他的短期照顾者住了4个月。总体而言，内森似乎很好，然而，他被指在学校对两个小男孩实施了不恰当的性行为，他一直在积极为这种性行为争辩。内森的照顾者也称他常常撒谎。这些“谎言”多种多样，从小谎言到大谎言，十分古怪的谎言使他的照顾者无法理解，因为那些谎言似乎没有任何目的。

其中一件事涉及邻居丢失的自行车。内森发现了丢失的自行车，他兴奋地告诉他的养母他准确地知道发生了什么。内森详细叙述称，前一天晚上，他从卧室的窗户里，看到一个男人拿走了自行车。内森说他出去，跟那个人走到附近的田地里，看到那个人把自行车埋了起来。内森极力要求出去找到那个自行车，并带回来给邻居。内森的养母后来被告知，自行车是另一个邻居为了保护它带进去的。

里基

里基的故事在第七章中讲过。在那个章节里，我详细讲了他的控制问题，里基也经常说谎。

里基是一个17岁的男孩，一直与他的母亲住在一起，偶尔会与他的父亲住在一起，直到11岁受到关注。自从那次以来，他换过18个地方，我遇到里基时，他在一个住家里。里基的家庭经历包括来自父亲的残暴和母亲的忽视，他母亲一直遭受恐惧和抑郁的折磨。同时，里基受到关注时，对他来说，很重要的人，包括他母亲、父亲和祖母都死了。

里基说了许多谎话，以实现他的控制和主导权，即他制造了这种印象，比别人拥有更多的信息。此外，他还会说一些古怪、幻想的“谎言”，在那些谎言里，里基是一个让人害怕、暴力的人物，没有人敢超越。他得意地讲故事，故事中，他成年的兄长是一个士兵，陷入了非常危险的境地，他需要突出重围，导致了重大伤亡。里基强调他与兄长多么亲密，他多么享受在一起的时光。里基也讲述关于他的狗的故事，一只斯塔福德杂种犬，没有与他一起住，会咬除了他之外的任何人，并且会按照里基的命令袭击人。在他的住宅里，里基的主要负责人解释说，里基没有见过任何家庭成员，并且他没有狗。

保护性否认

保护性否认故事是孩子为了防止受责备或者被想得更糟糕而说的谎言。这些可能是最容易认出和理解的“谎言”，但照顾者没有打算因为孩子撒谎的事而惩罚孩子时，有时对保护性否认会感到困惑，例如：“她是否拿另一块饼干不要紧，所有孩子都有饼干，我只是要求她吃多少拿多少！”

下面是保护性否认“谎言”的例子。

乔纳森（Jonathan）

乔纳森是一个8岁的男孩，从家里搬出来是因为忽视和涉及他对妹妹的性虐待。乔纳森也坦诚地说过与他妹妹发生过“性行为”。令人疑惑的是，虽然他的父母没有成功阻止两兄妹之间的性接触，但他的母亲因为这个行为非常严厉地惩罚过乔纳森。

孩子们的照顾者凯丝（kath）运用奖惩策略，试图防止乔纳森对他妹妹实施不当的性行为。在这些策略实施几周之后，乔纳森开始否认对他妹妹的这种行为。

一次偶然的机会，凯丝发现乔纳森躺在他妹妹身上，两个人都穿着衣服。凯丝让乔纳森离开，他很快跳起来并且跑向他的房间。与他妹妹谈过话之后，凯丝去与乔纳森谈话，他装作什么事也没发生过，并且不承认凯丝看见的。凯丝说乔纳森似乎真的对她的指控很震惊。

劳拉（Laura）

劳拉是一个16岁的女孩，14岁时由于遭受忽视搬来寄养。她的情况几乎一无所知，因为她的母亲，劳拉生活中唯一重要的成年人，不愿意讨论此事，并且否认存在任何问题。

一次，劳拉局促不安地走进厨房。她的照顾者保罗（Paul）丢下手中的事情，好奇地跟着她，看到劳拉自己从冰箱里拿了块巧克力。劳拉立即吞下巧克力，缩回手，关上冰箱门，并且说：“我什么也没拿！”保罗赶紧说：“不，不要担心，你可以吃巧克力，晚餐还有几个小时，你随意。我只是好奇发生了什么，对不起。”劳拉的回应是似乎她受到了申斥，并且努力说服保罗，她从冰箱里什么都没有拿。她很顽固，似乎对保罗的做法很愤怒。保罗继续说：“但是我看到你拿了巧克力，没关系！拿了没关系！”劳拉坚持她的防御策略，然后冲进她的房间，整个晚上都没有跟保罗和家里其他人说话。

照顾者的反应以及典型策略

错误的指控

面临照顾者知道是错误的指控时，存在一系列极强的感情反应。这类指控不仅像一次对信任的辜负，而且通常会感到是恶意的、残酷的和/或令人拒绝的。此外，这类指控对于家庭外的养父母来说，具有深远的意义，不管孩子是否有这个意思。

表8.1证明了错误指控通过这种方式揭示孩子的早期历史，而且证明了照顾者通过这种方式受邀复制这种需求的养育行为。

表8.1　关系复制：错误指控的意义

出生家庭经历

成年人：
父母和孩子之间有冲突时恐吓。

→

孩子：
感到害怕并通过叙述理由，例如父母，从而转移他们的恐惧。

父母与孩子互动时一直在恐吓。当他们互动时，孩子预料到攻击并因此对父母感到害怕。孩子通过告诉其他人父母已经做了什么，形成了一种保护性策略，恐惧时从其他人那里寻求帮助。与此同时，受到惊吓的孩子不会访问大脑的额叶，因此缺乏理性理由。

收养家庭经历

孩子：
面对父母与孩子之间冲突感到害怕（例如：典型的设限）并且通过陈述理由，例如照顾者，转移他们的恐惧。

→

成年人：
对“错误”指控生气并且恐吓或者拒绝孩子。

孩子把成人-孩子冲突与攻击/（恐惧）联想在一起，所以，冲突通过设限可能伴随照顾者脸上愤怒表情的方式，引发孩子陷于大脑的恐惧部分，并且期待攻击。结果，孩子把陈述恐惧以及恐惧的合理理由（例如：指控）视作一种保护策略。照顾者感到无法容忍并且对这种可恶的指控生气，照顾者生气和/或拒绝。

总结：恐吓的养育导致孩子对于攻击保持高度警惕，并且一发现它就会寻求帮助。孩子无意识地邀请照顾者实施恐吓/（拒绝）。照顾者接受这一邀请。

当孩子对他们的照顾者做出错误指控时，典型策略总是被强大并且完全可理解的感情反应所驱使。面临严重的指控，照顾者可能去辩解他们的事例，并且指出孩子所说的不对。他们也可能从感情和身体两个方面退却，导致进一步因为孩子而孤立。事实上，就养父母而言，许多机构或许会推荐照顾者通过更加防御式的方法照顾孩子，以保护他们再受到进一步指控。因为指控及由此产生的反应和策略，导致安置中断并不是不普遍。

树立成一个有用形象

照顾者通常会对孩子要么树立成积极形象，要么树立成有用形象的“谎言”持保留态度，并且要么直接忽略谎言，要么认为是孩子顽皮的表现。毕竟，夸大他们的成功或者抬高他们自己在家里的地位对孩子来说十分典型。

然而，照顾者不会关注这些“谎言”是否是孩子的幻想（例如上述的里基），或者如果相信“谎言”会引发与其他人的困境。照顾者常常通过纠正孩子来对这类“谎言”作出回应，并且如果失败，通常会通过申斥和/或驳回孩子故事的奖惩思维来回应。如果这些策略失败，照顾者会结束争论、惩罚和/或处罚。

表8.2证明树立孩子形象的“谎言”通过这种方式来揭示他们的早期历史。它也证明照顾者通过这种方式受邀去复制导致最初“说谎”需求的养育类型。

表8.2　关系复制：谎言对树立有用形象的意义

出生家庭经历

成年人：婴儿时期忽视、批评和轻视他们的孩子。	→	孩子：很弱的自尊心，因此通过谎言来强调他们的重要性。

父母忽视、批评和轻视他们的孩子。结果孩子感觉不到被重视，为了战胜他们很弱的自尊心，通过说谎强调他们的重要性。

收养家庭经历

孩子：通过说谎强调他们重要性的方式战胜他们很弱的自尊心。	→	成年人：通过批评、轻视和/或创造感情距离的方式回应说谎。

孩子运用通过说谎强调他们重要性的方式战胜他们很弱的自尊心的策略。照顾者知道孩子正在说谎，所以相信批评、轻视和/或与孩子建立感情距离有助于孩子诚实。

总结：忽视、批评和/或轻视的养育导致孩子需要树立他们的自我形象。孩子无意识地邀请照顾者去批评和/或轻视。照顾者接受这一邀请。

保护性否定

与其他“谎言”相比，照顾者通常更容易发现并理解保护性否定

"谎言"，尤其是当孩子被申斥之后（例如上述乔纳森）而说出的"谎言"。

照顾者没有打算申斥孩子时，去理解孩子为什么会说谎这对照顾者来说更具挑战。照顾者或许会尽最大努力向孩子保证他们没有必要说谎，因为他们没有做错任何事（例如，就上述劳拉和保罗而言）。在极端的例子中，照顾者会变得有防御心。他们或许感到需要保护自己避免暗示的指控，他们会因为很小的事情惩罚孩子，例如劳拉。在他们的冲突之后，保罗对劳拉非常生气，正如她似乎暗示他是一个小气的照顾者，因为他不愿意让她吃巧克力。

就这类"谎言"而言，照顾者的防御或许导致他们去争论自己的观点，并因为这类行为申斥孩子，例如，"你究竟为什么对我大喊大叫并且气冲冲地离去？我说过你可以吃巧克力！"这导致双方的关系拉开了距离，例如，保罗或许被激怒，并且不愿意同劳拉说话。

表8.3证明孩子通过"说谎"的方式保护他们自己免受申斥，按照他们早期的历史这可以理解，而且展示了照顾者通过这种方式受邀去复制"谎言"需求引发的养育。

表8.3　关系复制：保护性否定所起的作用

出生家庭经历

成年人：不能管理孩子的感情，导致孩子对他们自己的需求感到羞耻。 → 孩子：不能应付哪怕很小的羞耻，因此不会承认错误。

父母由于缺乏协调而不会管理孩子的感情，这使孩子感到羞耻（参照第一章）。孩子甚至不能应付很小的羞耻，因此不会承认错误，避免羞耻变得具有压倒性优势。

收养家庭经历

孩子： 说谎去保护自己避免他们不能容忍的内疚和羞耻。	→	成年人： 把孩子的行为视作逃避责任，因此强调他们对羞耻的需求。

面对“坏”行为受到申斥时，孩子不能应付伴随而来的羞耻，因此不能容忍承认错误。孩子或许会说谎，以保护自己避免无法忍受的羞耻和对他们自尊的损害。照顾者把孩子的行为视作需要纠正，因此，为了让孩子获得经验，力图说服孩子他们有责任，这样一来，孩子的羞耻感会更强。

总结：父母感情管理的缺乏导致羞耻，因而在容忍内疚方面出现困难。孩子无意识地邀请照顾者去使他们感到羞耻，照顾者接受这一邀请。

理解“说谎”需求

在理解孩子为什么需要说谎时，看看移情行为管理模式的下述因素十分有用（参照图8.1）：联系的需求、固有生存策略、创伤记忆、经历对大脑和生理的影响，以及羞耻。

联系的需求和固有生存策略

孩子受到他们需要与其他人联系的限制和束缚。当寻求理解发育中曾受创伤的孩子为什么会依赖说谎时，存在两个关键困难。

第一，孩子与之联系的那个人对他们形成的现实理解力具有无比强大的影响。第二，孩子的联系需求意味着，如果他们的最初照顾者在某些方面存在虐待或忽视，孩子一定会小心处理与那个人之间的关系，同时通过任何必要的方式加以保持。无意识地操纵现实和他们父母对那种现实的认知，对孩子来说是非常有效的策略，便于处在压力下时确保他们的安全。

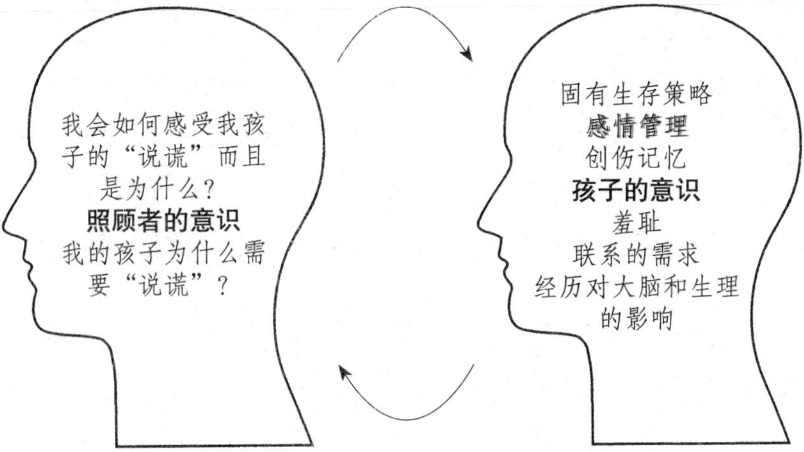

图8.1 “说谎”孩子的移情行为管理模式

当然，在孩子能够口头表达一个“谎言”之前，这类行为需要很长时间来养成。然而，到他们形成语言能力时，孩子会非常善于控制他们的现实。

探讨孩子从他们最初照顾者那里养成他们现实感的方式十分有用。通过施虐和/或忽视的父母面部表情传达的现实，通常是不明确或自相矛盾的。对一个婴儿来说，面部就是现实，它是婴儿理解世界的最初方式。因此，如果学会的现实是变化的和可流动的，那孩子的行为方式一定也是如此，以调解这种矛盾，并且帮助建立一个安全的现实。

第二，理解一个婴儿需要应付与他们最初照顾者的关系也十分重要。如果一个孩子在他们最初照顾者的脸上不断看到生气、敌对、焦虑或者婴儿难以应付的其他感情，那么对于婴儿来说，最初的动机就是应付照顾者感情和行为的需求（参照第一章静止的面部练习）。因此，在这类婴儿以后的生活中，说谎会彻底成为应付他们相关环境的策略。

发育中受过创伤的孩子对现实的理解力更令人难以理解，因为在完全不同的“现实”即家庭环境之间移动。这类孩子来自一种现实，一种由他们父母的行为规定的环境，进入另一种现实，在这里人们的行为和思想非常不同。以前对他们父母绝对权威的信任遇到严重挑战。有这种经历的孩子因此非常善于同时协调几种现实，但是为了获得这种精神训练技能，他们需要小心应付与他们接触的成年人。

创伤和经历对大脑和生理的影响

就错误指控和保护性否定“谎言”而言，发育中曾受创伤的孩子其大脑非常可能对创伤记忆发生反应。

这是最明显的错误指控。就凯利而言，与她的照顾者的冲突以及抚摸她后背这样的身体接触激发了一个脱离实体、完全雷同的场景以及某些更早经历的非语言记忆。她立即被迫进入大脑最初的恐惧和生存部分，并且处世方式符合回忆起了可怕的经历，在那种可怕的经历中，她被迫通过寻求他人帮助保护自己。

凯利的例子是一个相当严重的案例，照顾者和孩子已经达到了明显的冲突境地。然而，创伤记忆可能由更细小的争执激发。

发育中受过创伤孩子的大脑在一个“比故事中较为安全的”基础上运转。因此，孩子如果确定威胁逼近，就会起用婴儿时期形成的保护系统。毕竟，对于孩子来说，风险太多而不允许他们自己忘记潜在的威胁和应付的技巧。然而，他们不会轻易丧失这些技巧，因为这些技巧已经被固化进他们的大脑中。

羞耻

寻求理解发育中曾受过伤孩子的“说谎”需求时，羞耻可能是最重要的模式因素。

孩子总是“说谎”时，尤其是树立成一个有用形象和保护性否定的情况下，他们一直在寻求掩盖某些关于他们自己的事情，这些事情导致他们害羞。在上述例子中，羞耻在后续方式中起着一定的作用。

内森，在关于自行车的故事中，一直在力图克服对他负面自我形象的羞耻，尤其是他的新照顾者因为他的不当性方式而对他的认识。他无意识地努力被视作是有价值的、良好的，并且具有讽刺意味的是，被视作是值得信任的人。

里基关于暴力的故事是他试图掩盖临界的自我讨厌。他总是对自己感到羞耻，因为不能保护他自己和母亲免受他父亲的暴力。他维持自己弱小、胆怯并且好斗的形象，非常有效地建立了一个他可以主导并且令人害怕的世界，以避免他的羞耻心。

乔纳森否认他对妹妹的性行为。假设乔纳森这么做是为了逃避惩罚，事实或许如此，然而，如果有其他原因，那他的策略不会是否认他的照顾者目睹的事。他力图辩解他的行为，责备他的妹妹或者通过其他一些方式解释。相反，他“说谎”并且完全否认此事。在这么做时，他之所以力图去选择他自己和周围人已知的现实，是因为他无法容忍这样的现实，即他事实上做了某些让大人讨厌的事，他相信那些事如此令人讨厌，以至于迫使他认为自己真的令人讨厌。

至于劳拉和巧克力，她未必一直在保护自己免受可能的惩罚，因为显然她不会有任何麻烦。然而，她随时可以吃巧克力，保罗的这种声明不能做任何事，简而言之，对劳拉的羞耻感产生影响。正是这种羞耻感，让劳拉试着去回应她的紧迫需求，她从父母的行为中了解到紧迫需求不重要，过分需求会被忽视。

孩子们通常运用“树立成一个有用形象”和“保护性否定”谎言，为了防止他们的照顾者发现，他们无意识地相信他们“真正的”“劣行”是什么。背离事实的恐惧如此强大，以至于这类孩子必须非常努力，去确保他们的谎言是可信并且持久的。

对“孩子的谎言”运用奖惩策略所带来的后果

发育中曾受创伤的孩子说的许多“谎言”具有特殊的功能，并且关系到他们生存中的固有尝试。这些功能关系到他们的自尊、塑造安全形象的能力、创伤记忆的引发、从临界羞耻中逃离、防止其他人不切实际的关心。说谎孩子所用的典型策略和我们对这类谎言的本能反应，不是有计划地应对这些复杂原因和功能，所以，他们不可能有效应对。

如果我们运用典型策略和反应，即坚持单一“现实”的固有想法，而不是多元的、主观的现实，在没有理解他们赋予“谎言”的真相和意思的情况下，去面对孩子“说谎”，那么我们只会使问题恶化。

更明确地说，在这些情况下，通过运用奖惩思维所引发的主要问题会损害成人与孩子之间的关系，增加羞耻感和因此的防卫，并伤害孩子脆弱的自尊心。

关于成人与孩子间的关系，奖惩思维通常会增加关系中的冲突，并减少对这种关系的移情和感情。发生争执时，孩子可能会力争维持他们“谎言”的重要功能，例如，维持自尊或者保护他们的安全策略。

当谎言用于避免羞耻时，运用奖惩思维处理“谎言”的另一个问题就是孩子受到申斥或者受到惩罚时，他的羞耻感会增加。这可能会增强孩子的防御行为。换句话说，如果一个孩子面对存在的“谎言”，这个谎言是用来保护他们形象中脆弱的、积极的因素时，他们可能会对自己感到更糟糕，并且加倍努力，去确保谎言被相信。

对说谎孩子运用情感行为管理策略

针对照顾者的移情行为管理

针对照顾者的响应式移情行为管理

应对错误的指控

正如我上述所讨论的，错误的指控对照顾者是可怕的压力，并且会产生一些非常具有挑战性的感情。照顾者第一反应，非常可以理解，或许就是这个指控会对他们产生怎样的影响。毕竟，其外有一个评判和谴责的可怕世界。因此，在我们希望对已经引发这些感情的孩子保留任何移情之前，重要的是训练、理解和应对照顾者的感情和第一反应。

照顾者有证据证明他们没有做错任何事，这非常重要。如果有一些事照顾者喜欢用不同的方式去做，那他们应该清楚并准确地知道这些事是什么和他们能做什么，以避免将来重复这些事情。

照顾者运用第二章中的信息和技巧，帮助他们去理解和管理他们自己的感情，并且运用他们的“移情伙伴”。

在照顾者能够反应并理解他们自己对各种指控的反应之前，对他们来说，关键是尽一切可能不去防御并且努力理解孩子做出这种指控的需求。

如果照顾者提前了解到，有可能他们的孩子会对他们做出各种指控，有证据证明曾受创伤的孩子都存在这么做的潜力，那么对于照顾者来说，重要的是制定下述预防式策略，准备好去应对可能发生的事。非常重要的是照顾者提前理解孩子为什么需要做出错误的指控、什么会激发它，并且什么样的感情和行为反应可能会邀请照顾者参与。

寻找事实依据：找到“谎言”中的逻辑意义。

表8.4包含了照顾者用来练习的细节，在孩子不在场的情况下，帮助照顾者探讨孩子“谎言”的核心、所起的作用和如何起作用。他们认为谎言是针对他们时，这应该有助于减少照顾者本能感受到的负面感情。

表8.4　寻找事实依据：找到“谎言”的逻辑意义

下述对照顾者的一系列问题，有助于他们理解孩子所说的“谎言”。

如果孩子所说的事是真实的，那这件事会如何影响孩子的生活？它会：

- 意味着他们的行为是合理的？
- 使孩子感觉好一些？如果是这样，为什么？
- 使孩子感到与照顾者之间的关系更加亲密？如果是这样，为什么？
- 会让某个人去救援孩子？如果是这样，为什么？
- 避免孩子把自己想得很糟糕？
- 使孩子感到更安全？如果是这样，为什么？
- 防止照顾者把孩子想得很糟糕？如果是这样，为什么？
- 使孩子想起他们以前曾感到不好的某些事？如果是这样，为什么？

已经完成了这个练习，照顾者应该对“谎言”的价值、为什么不去理睬谎言或者不因为说“谎”去申斥孩子十分重要有一个更好的理解。这种理解还应该对下述移情评论提供不可估量的洞见。这有助于照顾者与孩子分享他们对孩子内心世界的最新理解。

把“谎言”视作窗口：找到“谎言”中感情的真相：

不要从客观、口头方面预知孩子所说的事情是否真实，解决“谎言”中的感情、本能真相在哪里十分有用。要这么做，重要的是发现“谎言”中的感情主题。获得这种理解有助于增加照顾者与孩子间关系中的积极性和移情，并对他们的移情评论提供帮助，参照表8.5。

照顾者或许会发现，表8.5中的问题在帮助他们发现孩子“谎言”中的感情真相十分有用。

表8.5 把“谎言”视作窗口：找到“谎言”中的感情真相

- 孩子说谎时，他们会表现出什么样的感情?
- 愤怒?
- 恐惧?
- 厌恶?
- 高兴等。
- 你听到“谎言”时，你会有什么样的感情?
- 你发现那是一个“谎言”时，你会有什么样的感情? 这个和前面的问题会帮助你理解孩子无意识地试着从他们早期的经历中进行再创造时明白感情动力是什么。
- “谎言”的主题是什么? 理解这个有助于你思考孩子“说谎”时预先想的是什么，并因此激发将来去“说谎”的可能是什么。孩子或许与这类主题存在长久的关系。
- 责备（例如：劳拉、乔纳森）。
- 危险（例如：里基、内森）。
- 暴力（例如：里基）。
- 残酷（例如：凯利、朱尔斯）。
- 丧失（例如：内森）。
- 强有力/有责任心的孩子（例如：里基、凯利、朱尔斯）等。
- “谎言”暗示孩子的某些期待吗? 或揭露孩子可能对世界的理解?
- “大人会惩罚我，并且我不能处理这件事。”（例如：乔纳森）

- “大人认为我是愚笨的/没有价值的/懒惰的/令人讨厌的，除非我确信他们没有那样认为。”（例如：内森）
- “我的冲动不好，因此我不好，让冲动起作用了。”（例如：劳拉、乔纳森）
- “我是不安全的，除非我使自己安全。”（例如：凯利、里基、朱尔斯）等。

针对照顾者的预防式移情行为管理

为错误的指控做准备

因为他们对发育中受过创伤的孩子与他们的照顾者之间的关系如此具有挑战性，照顾者对错误指控做好准备，试图尽可能地消除感情影响，这是特别重要。表8.6中的指导方针可能会有所帮助。

表8.6　为错误指控做好准备：指导方针

- 照顾者应该尽可能多地与相关专业人员，例如社会指导工作者交谈：
- 指控的潜力。
- 指控的发生。
- 照顾者有针对性地应对指控的策略。如果照顾者相信他们需要应对指控，正如创伤记忆的各种表现，让孩子解释他们指控的原因，例如：移情评论，这应该在与相关专业人员讨论之后进行。否则，就会显得照顾者一直在努力说服孩子去选择他们的指控。
- 照顾者应该愿意接受那些指控并对此做好准备。
- 照顾者应该在合适的专业支持和指导下，尽可能客观并同情地调查其他人的指控。

- 照顾者自己准备好孩子防御性行动的“谎言”邀请，这是有用的。
- 照顾者应该让其他人做好准备，孩子受到极度压力/悲伤时，可能需要通过对其他人说一些负面、指责的事情处理他们的一些创伤。
- 照顾者做一些针对性的工作，确定孩子“谎言”潜在的引发点。鉴于孩子过去的经历，他们可能什么时候感到需要通过寻求其他人的帮助来保护自己。

接受多元的现实

在了解如何应对“谎言”方面存在的主要困境之一就是照顾者经常感到他们应该指导孩子去共享单一静态的现实。然而，正如上述所讨论的，对于发育曾受创伤的孩子来说，这比其他孩子更具有挑战性，因为他们需要应付生活其中的艰难现实。

有许多方面，成年人会欣然接受，即生活不是简单的对与错、黑与白，但遇到说“谎”的孩子时，生活通常更具挑战性。照顾者首先认为他们应该通过奖惩思维纠正孩子的行为。如果他们没有这样认为的话，运用这种逻辑，然后他们就会鼓励孩子去说谎。表8.7中列出了这种方式的例子，在不担心它们会鼓励孩子不诚实的情况下，成年人乐意接受并通常鼓励世界的多元现实和理解。

表8.7 接受多元现实

下面是日常生活中的例子，其中的多元现实是乐意被接受的。曾受创伤孩子的“谎言”正如下述内容一样有用和“真实”。

- 意见：在没有感觉到它威胁我们辨别科学和明显事实的能力时，我们十分乐意接受主观意见。

- 主观性：我们如何知道一个人看见黄色的方式与另一个人看见黄色的方式一样？
- 在孩子们的想象游戏中：我们不担心允许想象游戏会损害孩子理解真相的能力，甚至坚持认为他们的游戏是“真实的”，例如：“恐龙真的吃掉了火车！”事实上，我们参与其中并且设想了更加真实的现实：“是的，现在他正走在车后！”
- 幻想：例如：在电影、游戏、戏剧和喜悦、多元现实中，圣诞老人。
- 夸张：例如：过分强调。
- 魔术师：我们乐意被“欺骗”去相信某些我们知道不可能真实的事。这些事不会像不诚实那样伤害或者吓唬我们。

总之，通过受过创伤孩子的“谎言”，对于照顾者来说，接受现实是更加有趣和流动性的这一观念十分有用。照顾者只有按照孩子的现实去思维，孩子才会感到安全，足以放弃他们对多元现实的需求。

针对孩子的移情行为管理

针对孩子的响应式移情行为管理

“谎言”是孩子感情世界的窗口

上述针对照顾者的“谎言如窗口”练习（表8.5）适用于他们的孩子。然而，对于照顾者来说先做上述练习十分有用。面对“谎言”时，照顾者赞同并保持警惕是必要的。如果“谎言”因为照顾者告诉孩子那是不正确的而受到阻止，就相当于把通向孩子感情世界的有用窗户拉上了窗帘。

当孩子已经说了“谎话”时，照顾者在表8.8中或许能找到有用的指导方针和问题。

表8.8 “谎言”窗口

下述指导方针适用于通向孩子内心世界窗口的“谎言”。

- 照顾者没有必要质疑孩子说了什么。
- 重要的是照顾者对于“谎言”感到激动和好奇，例如：“哇喔！接下来会发生什么？”
- 照顾者应该关注“谎言”中的主题，例如：“哇，你是一个英雄！你真的期待我们去讨论这件事！”
- 一旦照顾者尽可能与“谎言”现实中的孩子度过较长时间，如果必要，他们可以介绍现实，例如：就利奥而言，“噢，真是不可思议，因为邻居们说他已经把自行车取走，以保护其安全！好了，我猜，你俩看到了不同的事情。”照顾者应该谨慎，不要主导或与他们自己的现实相矛盾，这只是该故事的另一个版本，并且就像一个故事一样，不需要就细节达成一致。

移情评论

移情评论是应对甚至引发争论“谎言”的一项非常有力的策略。照顾者可以遵循黄金原则（第三章表3.9），并运用表8.9中的例子，帮助他们去发现自己的。

表8.9 对“谎言”的响应式移情评论

下述情况或许对照顾者回应孩子的“谎言”有用。

错误指控

在运用这些表述之前，照顾者应该确保他们已经准备好与相关专业人员讨论运用的潜力，例如他们的社会监督人员。这将潜在地避免照顾者试图改变孩子故事的表象。

- “哇，有些事情发生了，似乎我伤害了你，就像妈妈过去那样，我从来不想像那样伤害你。”
- “它使我如此难过，以至于认为你有时对我感到害怕，但是我想我做有些事情时，是想提醒你加里过去是如何对待你的。”

树立成一个有用的形象

- “哇，听起来你在那个故事中是一个真正的英雄！我想知道你是否需要确信我知道你有多么勇敢！”
- “你正在告诉我学校今天发生了如此可怕的事情，你是一个多么粗暴的人。我想知道，让人们感到你是可怕的男孩，是否有助于使你感到安全！”

保护性的否定

- “对不起，我阻止你打弟弟，我知道你真的是想管管他。我也认为你想确定我不会停止对你的爱。我看到你做的那些事，真的感到可怕，并且责备了你。我敢打赌，你感觉糟糕透了，或许甚至觉得我不再爱你了。”
- “糟了，你一直告诉我你没有吃巧克力，甚至我看到你吃了！真是令人困惑！我想知道你是否认为我会把你想成一个可怕的人，甚至觉得你做了一些我不喜欢的事情？我绝对不会那么看待你。”

针对孩子的预防式移情行为管理

为“谎言”做准备

事情平顺并且照顾者与孩子有机会一起闲谈时，对于将来会发生的“谎言”做准备是没有价值的。

上述练习中训练的理解力有助于照顾者与孩子交流，他们已经获得了一些关于他们的孩子有时需要说“故事”或“谎言”的好主意。

当伤害的恐惧、树立成一个有用形象的需求和避免羞耻的需求占上风时，照顾者和孩子可以一起做好准备。当孩子已经产生那些恐惧，并且孩子做什么来代替“说谎”时，他们也可以思考并一起谈论他们是如何知道的。如果照顾者和孩子不能找到替代办法，那么他们可以达成一致意见，接受孩子所说的，正如解释有关他们是如何感受的事，并且照顾者会尽最大努力，去帮助孩子感受更好些。

预防式移情评论

照顾者可以运用响应式移情评论，帮助阻止未来的“谎言”。他们应该等待一个安静、幸福的时刻，照顾者和孩子可以坐在一起，在不用担心激烈的感情冲突时进行有意义的谈话。

照顾者应该遵循黄金原则（第三章表3.9），并运用表8.10中的例句，训练自己的表述。

表8.10 对“谎言”的预防式移情评论

错误指控

在运用这类表述之前，照顾者应该确保他们准备好与相关专业人员例如他们的社会监督人员讨论这种运用的潜力。这会潜在地避免照顾者力图改变孩子故事的表象。

“你昨天真的对我感到失望，感到我拉你的胳膊太用力了，并且把你拉到地板上了？你知道我感到很困惑，因为我没有想到我伤害了你！好了，对于今天早晨发生的事，我有一个好主意！你停下来去看商店的橱窗，我要继续向前走了，我想知道，它是否让你感到就像爸爸过去推开你、伤害你，并且你真的害怕我会做相同的事一样。对不起我让你感到害怕了。”

树立成一个有用的形象

“你记得昨天你告诉我关于邻居的自行车，你是如何走过去并且为他找到的呢？我想知道你告诉我你已经做了令人印象深刻的英雄事实时，是否真的感觉特别好！我喜欢听到那类事情！我敢打赌你没有太多机会有这样的感受。我对此真的感到对不起。我想使你感受到你是真的特别可爱。”

保护式否定

“你知道昨天我们什么时候结束关于巧克力的争吵吗？发生了那样的事真对不起。我一直在想那件事，因为我发现它真的令人困惑。我想知道你是否担心我会责备你。或许妈妈和爸爸不让你做你需要并且想做的事，让你感到为难，你甚至似乎不应该走向冰箱。对不起，我让你产生了那种感觉。我真的想让你感到幸福并且觉得这儿就是你的家。”

表8.11　记住关于“谎言”的事情

理解“谎言”如何起作用

- 发育中曾受创伤的孩子所说的“谎言”，可以视作比最初假设的包含了更多的真相。
- “谎言”可以分为三种主要类型：

①错误指控；

②树立成一个有用形象；

③保护性否定。

- 当亲密关系丧失安全感时，错误指控通常作为损害与照顾者的潜在亲密关系的结果而发生。
- 错误指控也会在创伤记忆被冲突或者其他一些压抑性环境所激发时发生，孩子所做的似乎他们真的处于记忆的威胁之中。
- 树立成一个有用形象的“谎言”在孩子自尊心很弱并且他们感到需要防止某个人看到他们认为是“真实的”“坏的”自己时发生。
- 树立成一个有用形象的“谎言”也可以在孩子感到他们自己的形象会维持他们的安全，并且阻止任何想伤害他们的人时发生。
- 保护性否定“谎言”通常在孩子感受到有必要避免责备或羞耻

太强烈而他们无法忍受时发生。

- 奖惩策略通常导致由于曾受创伤的影响而“说谎”的孩子更频繁地“说谎”，以保持他们的固有生存策略，使照顾者相信他们的自我价值，并避免无法忍受的羞耻。

理解要做什么

针对照顾者的移情行为管理

- 响应式策略：
- 照顾者对自己的感情反应有一个好的理解，有助于他们更加平静并且对他们自己的反应较少做出判断。
- 照顾者不应该试图否定或掩饰他们的感情，但理解并遵从它们。
- 应对错误的指控。
- 寻找事实的依据：找到“谎言”中的逻辑意义。
- 把“谎言”视作一扇窗户：找到“谎言”中的感情真相。

预防式策略：

- 照顾者应该致力于培养他们对“谎言”反应的认识。
- 为错误指控做好准备。
- 接受多元现实。

针对孩子的移情行为管理

- 响应式策略：
- 把“谎言”视作通向孩子感情世界的一扇窗户。
- 响应式移情评论。
- 预防式策略：
- 为“谎言”做好准备。
- 预防式移情评论。

第九章

儿童及青少年的性行为

Why can't My child behave

然而，为了长期解决性行为，非常重要的是，回应性行为这件事时，照顾者不能羞辱孩子。在果断做出反应的同时，采取同情性的行动同样重要。移情评论有助于孩子从照顾者的面部表情、身体语言和话语中理解他们自己的内心世界和行为。

孩子的性行为是成年人难以去思考并公开做出反应的话题。结果，该话题常常通过一种相对肤浅的行为方式而不是感情方式被回避或者应对。这种现象的原因是复杂的，但通常集中在文化和社会方面：我们难以公开讨论关于性的话题，尤其对孩子（相关的）和青少年的性问题缄默不语。当孩子们的性注意力直接针对成年人并且引发进一步焦虑时，思考孩子对其他孩子的性强迫时，存在特殊困难。另一个挑战是在考虑由于虐待和/或忽视而遭受创伤孩子的性行为时，需要同时确定一个孩子既是受害者又是实施者，除了试图理解孩子和青少年的典型性发育和行为是什么之外，这就是全部问题所在。

受过创伤孩子的常见性行为分为三类。一些孩子向成年人展示性行为；一些孩子向另一些孩子展示性行为（大多数是向他们的兄弟姐妹）；一些则独自展示性行为，但不区分看见他们的人。

性行为的例子

“性行为”“不恰当的性行为”“受到性伤害的孩子”和“性虐待”等术语都用来描述本章中将要探讨的问题。随着这类粗浅的分类的运用，问题是它们通常用在充分描述已经发生的行为这一场所。非常令人不安的是，孩子的性行为分类通常是帮助我们去理解的基本要素。

在下述例子中，我试图提供一系列性行为的细节，便于证明详细分类的力量和用途。例子也包括关于明显性行为附带的连带行为，例如：闯入私人空间并对电视中性主题激发强烈的兴趣。

对成年人的性行为

艾玛（Emma）和克莉斯蒂（Christie）

艾玛是一个9岁女孩，克莉斯蒂是她6岁的妹妹，在我参与之前的7个月，她们被带到当地政府的看护机构。两个女孩被忽视，目睹了父母发生性行为，并且大多数时间没有成年人监护。她们的母亲依赖非法药品，父亲很少在家。自从来到看护机构，艾玛一直暗示与她父亲“躺在一起”，但一直没有女孩们受到性虐待的直接迹象。

她们的照顾者比尔和玛丽称，女孩们显得很高兴和安定，并且对周围很感兴趣。然而，照顾者也说女孩们会坐得离他们太近，距离近得让人感到不舒服，并且显得没有私人空间的界限。玛丽注意到女孩们愿意并要求她拥抱，但一次偶然的机会，当玛丽拥抱克莉斯蒂时，她很随意地把手放到玛丽的胸部，用眼神看她并且微笑着。玛丽对此感到非常不舒服，并且相信克莉斯蒂在用某种方式寻问玛丽那是否是她想要的。玛丽称她对于女孩们逗留不去的接触感到不舒服。

玛丽也称艾玛似乎对玛丽26岁的外甥汤姆（Tom）非常感兴趣，他经常来家里做客。玛丽解释称，当汤姆来访时，艾玛就要穿短裙子和小外套。她也会直接走过去挨着汤姆坐，抚摸他的胳膊，对他说的话傻笑，并且力图把其他人排除在谈话之外。可以理解，这种行为使汤姆感到非常不舒服。

比尔解释说，女孩们最初到达时，他会在就寝时间给她们讲一个故事。他描述称，一次他在克莉斯蒂的额头上吻了一下，她本能地吻了他的嘴唇，并且张开了她的嘴巴。

对其他孩子的性行为

内森

内森是一个11岁的男孩，我参与时，他刚被带来看护机构不久。由于指控在内森的母亲死后，父亲忽视他，他离开了家。不清楚他母亲死之前他是否受到过忽视。据称，内森在学校对两个小男孩实施了“不恰当的性行为”。

在第一次事件中，内森当时9岁，据称跟着一个7岁男孩进了厕所，向小男孩展示他的生殖器，并要求男孩抚摸。在第二次事件中，针对一个6岁的男孩，当时内森10岁，据称在球场的隐蔽地方，内森问小男孩是否愿意与其发生性行为。在两次事件中，内森似乎得到的“不”的回答，但是他试图说服两个小男孩不要告诉任何人。

乔纳森

乔纳森的故事第一次涉及是在第八章中，也与本章有关。乔纳森有清晰的意图参与了与他小妹妹的性活动。也有证据表明是相互的。乔纳森直接描述称他的妹妹“对他进行猥亵”。我不愿意说这种行为是“双方自愿的”，然而，似乎没有孩子考虑过反抗。

凯

凯是一个5岁的男孩，他受到严重忽视。当我知道时，他两年前就一直住在收养他的地方。在来到看护机构之前，凯的母亲有酒精依恋问题，经常把凯独自一人留下好几天。

除了暴怒和寻求依恋之外，据称凯还在学校展示了一些“不恰当的性行为”。凯在班里和球场会不断地追赶女生。他的老师描述称，他竭力去脱下她们的底裤，把他的手放在她们的裙子上，并且抓她们的外阴部。老师们也称即使他们告诉他不应该那么做、在游戏时间密切监视他并且开始免除他的特权，这种行为还是没有得到减少。

公共场合展现性行为

杰斯（Jess）

杰斯是一个3岁的女孩，已经住在看护机构10个月。由于忽视和家暴，她从父母身边被带离。

杰斯被安置得很好，并且似乎与她的养父母非常融洽。然而，他们担心杰斯对其他孩子无休无止的攻击行为，并且养母讲述了其性行为事件。事件发生时，她的养母托妮（Toni）早晨起床来到杰斯的房间。他们一起玩了会儿杰斯放在床上的洋娃娃和玩具，杰斯很享受玩耍，微笑并与托妮傻笑。在傻笑的同时，据称杰斯把一个洋娃娃放在床上，用手和膝盖爬向洋娃娃，并用舌头上下舔洋娃娃的腿，然后看着托妮，害羞地傻笑着。

帕万

我参与进来时，帕万当时11岁。她长期与她的养母苏基（Suki）住在一起。帕万是父母唯一的孩子，并且受到父母严重的忽视。她的父亲已经离开了家，母亲对帕万患有妄想症，她把帕万长期锁在屋里。

帕万有轻度的学习障碍。苏基向我解释称，她主要担心帕万频繁的“自慰”，不顾及她周围。苏基已经向帕万解释过，她所做的事是私密的，但这在减少自慰行为方面并没有奏效，帕万似乎没有听到苏基的话。苏基也担心这种行为的频繁度会导致情况进一步加剧。

当我要求苏基描述她所说的“自慰”时，她说帕万会“在她的内衣裤里摸来摸去”，有时会脸红并且非常亢奋。苏基说帕万还会心神恍惚地在椅子边缘晃来晃去，似乎在刺激自己。

典型策略

对于成年人来说，通常会通过奖惩思维抵制孩子的性行为。对这类行为的移情反应要求我们去接受、详细思考孩子的性想法和感情。也有必要想想这类行为的根源，例如：性虐待、家暴、性用品的直接暴露、“好”和“坏”安慰观念等应该巧妙地加以区分并界定：即，它证明了性弱点和掠夺性性行为可以在同一人身上同时存在。此外，接受潜在的攻击和某人可以做格格不入的事情的直率也会引发我们的羞耻，“我怎么能爱并接受强奸孩子的那个人？那对我意味着什么？”

有两种观点，为了度过这种内心的冲突，一个人采取的无意识或许是，第一避免或减少性行为，第二允许或与孩子保持感情距离（表9.1和表9.2）。

表9.1 关系复制：性行为

出生家庭经历

成年人： 忽视孩子的隐私需求并用成年人术语提供性亲昵行为。	→	孩子： 培养不加选择抓住机会获取亲昵行为的策略。

父母不能满足孩子关于合理身体和感情亲昵行为的需求。孩子通过与其他人亲密的机会或者在不当环境下满足他们亲昵行为的需求。这可能逐步升级为性攻击。

收养家庭经历

孩子：
应用不加选择获取亲昵行为的策略，在某种情况下导致性行为。

→ 成年人：
找到孩子的亲昵途径，直接针对孩子，强迫并且不得当，便于拉开与孩子之间的距离。

→ 成年人：
找到孩子的亲昵途径，直接针对孩子，强迫并且不得当，便于确保孩子彼此离开。

孩子运用不加选择的策略，获得与成年人的亲密，可能包括一种期待，亲昵可能是有条件的，即孩子应该允许他们自己被性利用。照顾者应对“不当”性行为，应确保他们“得当”亲昵不能被误解并且拉开孩子与他们和其他人的距离。

总结：有性或忽视型的养育导致孩子不加选择地寻求亲昵。孩子无意识地邀请照顾者限制他们获得身体和感情亲昵的权利。照顾者接受了这一邀请。

表9.2 关系复制：性行为（家庭暴力）

出生家庭经历

成年人：
压制或吓唬未成年人。

→ 孩子：
受到惊吓然后感到害怕，阻止来自成年人的威胁。

父母吓唬未成年人的行为，包括家庭暴力。孩子预估恐惧，感到害怕和受压制，以阻止威胁。亲昵关系的标志为恐惧、威胁和主导。

收养家庭经历

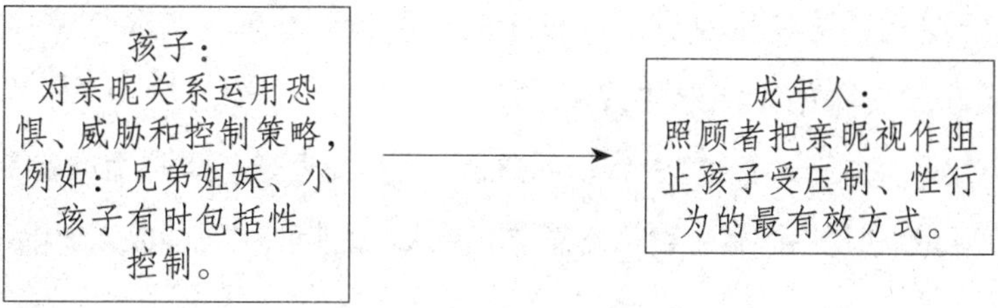

孩子运用他们对各类关系的理解，即这些关系的标志为恐惧、控制、胁迫他们与照顾者和其他孩子的互动。在未成年时期缺乏得当亲昵经验的情况下，孩子可能参与对其他孩子的性伤害行为。

总结：恐吓/压制的养育导致孩子受到惊吓并感到害怕。孩子无意识地邀请照顾者去压制并胁迫。照顾者接受这一邀请。

实际上，照顾者可能首先尝试向孩子解释为什么他们不应该参与这类性行为，然后因为他们进一步违反而申斥他们。对于参与同其他孩子性行为的孩子运用这种策略时，需要成年人确定谁是“罪犯”。以我的经验，在不同性别之间发生性行为时，典型的是认为男孩子是“罪犯”，女孩子是“受害者”。然而，在兄弟姐妹中参与性行为时没有谁是“罪犯”或者“受害者”这种黑白分明的概念，例如：（上述）乔纳森和他的妹妹。孩子的性行为是一种极其复杂的问题，因为也要考虑存在强迫、默许和二者兼而有之。

许多表现过性行为的孩子都因他们的行为遭受过毁灭性的惩罚，即，他们被迫离开住处、社区、学校和/或兄弟姐妹。这些事情很少作为一种公开惩罚而进行，但是由于奖罚思维的普遍性，他们常常被视作最佳选择。在某种情况下，非常难做决定的就是对一个孩子的附加需求妥协，以确保另一个孩子的安全。

另一项普遍且非常容易理解的策略是减少关照和兄弟姐妹关系中亲昵的层次。这使得对另一个孩子的威胁得到管理，有希望减少孩子对他们照顾者做出错误指控的风险。

然而，对于发育中曾受创伤的孩子，所有这些的后果将增加羞耻、寻求依恋行为和使用固有生存策略需求的层次，因此如果可能应该加以避免。

理解性行为

当寻求理解发育中曾受创伤孩子的性行为时，移情行为管理模式（图9.1）中“孩子意识”部分的各类因素是最贴切的，即联系需求、感情管理、经历对大脑和生理的影响以及羞耻（黑体）。

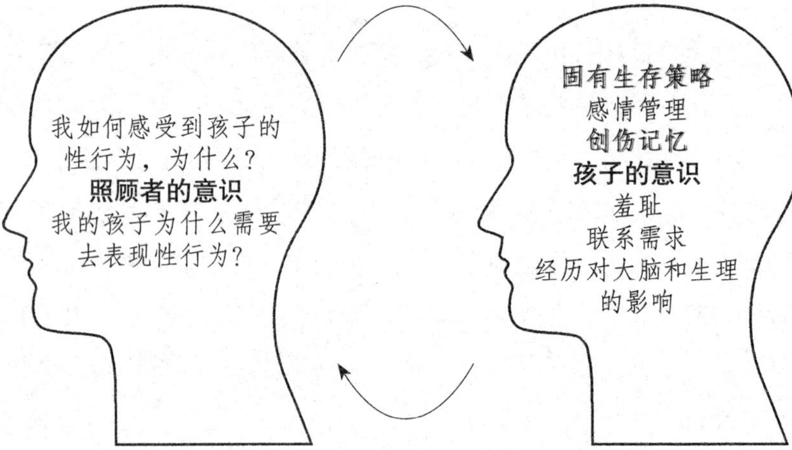

图9.1 性行为的移情行为管理模式

联系需求

驱使孩子需要以性方式表现的早期经历有几种类型。试着假设所有表现不当性行为的孩子过去曾遭受过性虐待。在这种情况通常被证明是事实的同时，可能还存在性虐待没有被发现的事实，还有其他导致性行为的经历（表9.3）。

表9.3　未成年时期的经历对性行为所起的作用

长期暴露给下述任何情况，都有助于理解在性行为中孩子找到舒适、满意和/或安全的依据。

- 忽视：对于未成年人来说，缺乏身体和精神刺激和感情管理都会导致孩子需要自我刺激和自我管理，简单地说只是获得某种形式的精神活动。
- 不适合、强迫性的照顾：如果未成年人保护他们私人空间的本能需求没有受到某个更强势人的考虑，那未成年人就学会不去考虑这种本能。例如：未成年人关于他们优先选择接触和/或互动的信号遭到忽视或者漠视，不饿时被强迫喂食，睡觉时被粗暴地拎起来，无论是躲避或者抗议还是被吻或者抚摸。后果就是他们无力把私人空间界限适用于他们自己和其他人。
- 性虐待：这关系到被强迫（强迫性照顾）的容忍度。如果成年人或者更强势的孩子不断控制这个孩子的需求、优先选择、抗议，那么这个孩子就会学会不考虑他们自己对私人界限的表达并且也不考虑他们自己的感知。
- 忽视和性虐待：曾受忽视但通过性侵成年人或者孩子获得某种感情的孩子，会学会压制任何关于性虐待的内在抗议，以获得有条件的感情。这使他们会把有条件的爱和感情考虑进将来与成年人和其他人的关系中，因此，他们不会将私人空间界限适用于他们自己和其他人，并且容易攻击施虐的成年人。
- 自己和/或其他人的愤怒、恐惧：如果一个孩子学会接受他们的恐惧、不适、疼痛等被其他人漠视，他们就学会自我漠视，然后努力把其他因素应用于其他人，例如：身体虐待或家庭暴力。因此，控制、残酷和羞耻的经历可能成为针对其他人可接受的方式，潜在地形成对其他人不当性行为的方式。

重要的是，注意到某种早期创伤可能导致性行为的同时，创伤也可能表现为其他没有明显性行为的方式，例如：愤怒、其他类型的强迫、爱管闲事、私人空间问题、不加选择地寻求感情。

简言之，发育中曾受创伤的经历可能以性行为的方式得到反馈。为了正确理解什么驱使了性行为，我们必须详细理解它，知晓什么样的愉悦和不可压制的冲动在起作用。正是因为这个原因，当我们看到“性行为”“不当性行为”或者“自慰”这些分类时，我们需要找到一种克服我们内心厌恶、抵制这个问题的方式，愿意去寻问与粗俗和令人不舒服问题相关的谁、为什么、在哪儿、如何和确切是什么等细节。

感情管理

在未成年时期没有经历过感情受到管理，尤其那些经历过严重忽视的孩子通常会养成单一策略，帮助管理他们的情绪。大多数人记住20世纪90年代早期罗马尼亚孤儿院孩子们的电视形象。这些孩子很少与成年人互动，几乎不会对帮助他们管理感情的互动做出响应。由于缺乏成年人的响应，他们中多数运用的策略之一就是打滚，那些策略适用于他们管理自己。这种节奏性的活动，在缺乏其他任何事的情况下，创建了一种心理反应，需要时对管理孩子有点用处。我们在各类策略中可以看到这些特点，本能地用于悲伤中的婴儿。

“自慰”是这样一类方式，一些孩子可以突破他们存在的麻木状态。它不是必要的性行为，但是必要的、强烈的感官行为和潜在的抚慰。

经历对大脑和生理的影响

正如第一章中所讨论的，大脑前额皮质的存在意味着发育中曾受创伤的孩子其执行功能可能没有发育好。这类执行功能之一就是抑制冲动的能力。孩子迫切寻求安慰、自我管理和只是与另一人做爱时，正如我们任何人一样，这些孩子或许本能地期待性活动来满足那些需求。这类孩子没有能力抑制他们满足这类急迫需求的冲动。

如果一个孩子的性行为是由于冲动，那奖惩思维不可能产生积极效果。

羞耻

孩子即使在虐待另一个孩子时，或许也不会发现他们的性行为令人羞耻。试想想，如果我们与孩子沟通他们的行为是不可接受的，并且使他们对此有点羞耻感，那他们必然被制止再做这类事。事实上，这是应对孩子许多挑战性行为最常用的策略，并且其作用在奖惩思维框架内得以诠释。

正如第一章探讨的，带有羞耻的问题是发育中受过创伤孩子极难处理的问题，并且通过遮掩很快变成防御和保护他们自己的行为。此外，性行为或许能够使孩子满足他们亲昵的需求，因此提供一种重要的、基本的驱动力，发育中曾受创伤的孩子不可能放弃。

对性行为运用奖惩思维所带来的后果

当发生固有的羞耻时，奖惩策略用来阻止发育中曾受创伤的孩子展示性行为，可能的结果是这种行为被隐瞒，但不会被停止。这几乎是最可能的情况，这些策略的运用没有可替代的选择，以解决驱使这种行为的需求。

在应对展现性行为的孩子时，减少亲昵，通过限制身体接触和/或与兄弟姐妹分离，或许乍看起来似乎是一项完全明智的策略。一定会完成减少性行为机会的短期目标。然而，在极度缺乏恰当亲昵的孩子中，可能会增强他们寻求亲昵的动力，并增加欺骗需求，因此更加难以预防。

从根本上来说，我们需要向孩子沟通，允许他们内化这种信念，这些行为是可以理解的。驱使性行为（例如：孤独、感情管理、亲昵）的需求可以调整、理解并且是受欢迎的。如果我们完成了这一步，那么我们就可以通过必要的手段，例如：欺骗、强迫和宣传，预防孩子持续性行为的需求进入成年期。

情感行为管理策略

针对照顾者的移情行为管理

针对照顾者的响应式移情行为管理

关键是，如果存在任何潜在的非法行为，在照顾者与孩子进行有建设性的、详细的谈话之前，寻找法律证据十分重要。

正如本章前面详细谈过的，对于孩子的生活和有效管理行为来说，重要的是照顾者不要害怕孩子性行为的细节。照顾者或许通过建立与孩子之间放松的、非武断的谈话能够找出一些细节。然而，如果孩子羞于谈话，那谈话最好停止。照顾者或许可以从其他来源、孩子和老师等处找出更多信息。

性行为和发生性行为的场景二者的特殊细节有助于照顾者更有效地理解这种行为的动机，而不是这类事件中通用的简单概括。

照顾者回应孩子的性行为时，重要的是把重点放在性行为背后的动机上。

- 孩子从他们的行为中获得了什么？亲密、舒服、控制、主导、感情管理、抚慰或者其他一些孩子气的需求？
- 在解释孩子需求的历史中发生了什么事？

照顾者应该关注上述问题的答案，以避免本能地否定这种行为或者责备孩子和/或拉开与孩子之间的距离。

针对照顾者的预防式移情行为管理

对于照顾者来说，重要的是准备好他们自己对性行为的反应，这些反应极其强烈并且影响处理问题的方式。在第二章中建议过一些方法，尤其是表2.12允许照顾者预先探讨他们自己对性行为的个体反应。

如果照顾者准备好与孩子就性行为进行谈话，提前思考需要讨论的主题十分有用。照顾者应该花一些时间学习他们和孩子都感到舒服的性语言。照顾者练习向他们的“同情密友（参照第二章）”或者任何可信赖的人描述性行为。重要的是运用真实、精确的语言，不要模棱两可，以及对性行为和身体部分运用委婉的说法。谈话要舒服十分重要，同时清晰和直率也十分重要。

一旦最初的困窘得到解决，照顾者就可以把准备重点放在试着同情地思考并对他们可能遇到的性行为不做出判断上面。

针对孩子的移情行为管理

针对孩子的响应式移情行为管理

很显然，对于照顾者来说，重要的是尽最大努力去阻止孩子遭受伤害和/或性虐待或者剥削其他任何孩子，去阻止孩子成为性攻击的对象。然而，为了长期解决性行为，非常重要的是，回应性行为这件事时，照顾者不能羞辱孩子。在果断做出反应的同时，采取同情性的行动同样重要。

响应式移情评论

照顾者已经管理好他们自己的感情反应时，回应性行为最有效的策略之一就是站在孩子的立场上（表9.4）评论他们所思考的。

移情评论有助于孩子从照顾者的面部表情、身体语言和话语中理解他们自己的内心世界和行为。以此为出发点，开始一段改变行为的旅程。

表9.4　针对性行为的响应式移情评论

下列表述照顾者可以用来回应性行为。把这些表述作为指导方针和黄金原则（第三章表3.9），照顾者也可以提出自己的表述。

- “噢，我明白，你开始揉搓我的膝盖，我想知道你是否想过当我给你一个拥抱时我想要什么！”
- “当然，你认为你应该在我的腿间蹭来蹭去，过去你在妈妈和爸爸的腿间蹭来蹭去时没有得到拥抱，除非你爸爸想与你发生性关系！你做得很好！我想你能够与我拥抱，不要认为你必须那么做。我给你拥抱是因为孩子需要拥抱，不是因为我想与你发生性关系。”
- “我认为你想触摸我的胸部是因为你那么做以得到与妈妈亲近的机会。我们可以亲近，我们可以亲近并且来一个真正的大拥抱而不需要你触摸我的胸部。”

- “哇！你真的喜欢张大嘴巴吻我。我完全理解，因为你过去常和妈妈那么做，但是那样使我有点不舒服。我更喜欢吻额头、脸颊、手背或者蹭蹭鼻子，并且有一个大大的拥抱。”
- “你一直在摩擦你的下面，汤姆，我想知道你是否感到担心或者无聊。我不是十分确信。我们可以一起读一本书或者闲聊，因此你不必担心或者感到无聊甚至孤独。”
- “你和沙恩（shaun）亲嘴，我想知道你是否感觉很好。你和沙恩过去有很多时间在一起，没有任何成年人精心照顾你，在没有得到妈妈或爸爸拥抱时，你们一定彼此得到了许多安慰。现在，你有许多种方式从我这里得到安慰，比如拥抱、谈话、手拉手、一起做蛋糕，或者做游戏。用舌头亲吻嘴唇只适合两个成年人。”

性行为的替代品

如果照顾者对孩子的理解导致他们认为，他们的性行为由亲密需求驱使，即使有一点点违反直觉，也要通过（恰当的）亲密回应他们。当然，如果涉及另一个孩子，优先处理另一个孩子的感情十分重要，最好是如果有两名照顾者，他们就可以同时分别应对一个孩子。

当谈到展示性行为的孩子时，照顾者可以沿着这样的思路讲“你不要像那样躺在你妹妹的身上。我理解你感到孤独时会那么做。来，拥抱一下我，但是我们只用胳膊和微笑来拥抱并表达我们的感情，不要用双腿。你感到孤独真对不起。我不希望你感到孤独！”然后，照顾者安慰孩子。

针对孩子的预防式移情行为管理

预防式移情评论

孩子再发生性行为时，对于照顾者来说，最好的开始是向实施性行为的孩子传达出，他们已经理解正在发生的事情对于这个孩子来说是什么以及他们为什么受驱使参与这类行为（表9.5）。

表9.5　针对性行为的预防式移情评论

下列表述，照顾者可以在安静时努力防止孩子参与性行为的需求。把这些运用第三章表3.9中的指导方针和黄金原则，照顾者还可以提出自己的表述。

- 大卫和简今晚过来吃晚餐。你独自跟大卫（成年人）说话时你是真的喜欢那样！我认为那样使你感到很特别！我想知道它是否让你想起了你和爸爸过去拥有的关系类型以及你触摸他的阴茎并且他触摸你的阴部时，他让你感到特别的那种方式。你是很特别，但是我要你知道，你的特别不需要通过与成年人的调情来表现。
- 你的朋友丽丽（lilly）今晚来过夜。我认为和她一起睡并抚摸她，就像你和克尔斯蒂（妹妹）过去那样，这或许真的很吸引人。我能理解这是为什么！当没有其他人去感觉亲密时，这真的使你感到很亲密！所以，如果你喜欢那样，那么过来看着我，我们可以在没有触摸彼此私人部位的情况下来一个大大的拥抱。
- 猜猜我注意到了什么！我已经注意到你感到厌烦，像昨天你在看电视时一样，你把手放在内裤里抚摸自己。我想知道那种是不是一种很好的感觉，有几分让你清醒，让你感觉好受些，孤独感少一些。那种触摸是私密的，所以我想知道我们是否可以想出一些办法，当其他人在场时，你不需要抚摸自己就会感觉好受些。

- 我一直在想昨天发生的事，当时我发现你抓住康纳，并把你的手使劲放进他的短裤里。我正在想对你来说那么做会有什么意义。你希望知道我的想法吗？我认为对你来说，控制感甚至恐吓别人真的令人激动！毕竟，迈克过去让你感到恐惧并且伤害了你，那一定令人恐惧并且带来了很大伤害！当发生那些事时没有人关心你，因此没有人真的帮助你去理解那真的是一件令人恐怖的事！我希望帮助你理解所有那些事，并让你相信你知道你的感情和其他人的多么重要，所以你不要希望抓住康纳。

性行为的替代品

在发育中受过创伤的孩子中，性行为总是代表未被满足的感情需求。因此，一旦潜在需求得到理解，照顾者就可以按照响应式和预防式办法运用与需求相关的策略。前几章内容已经包含了详细策略（特别详细的如下），这些策略适用于处理性行为和引发这种行为未被满足的需求。

寻求亲密性行为的替代品

亲密需求确定会引发性行为时，第三章中的下述策略十分有用：

- 细心培养（表3.8）；
- 依恋时间清单（表3.11）；
- 交通信号灯系统（表3.12）。

寻求控制性行为的替代品

控制需求引发性行为时，第七章中的下述策略十分有用：

- 允许控制（表7.4）；
- 限制性控制（图7.3）。

寻求管理性行为的替代品

感情管理是引发性行为的原因时，第三章和第四章中的下述策略十分有用：

- 细心培养（表3.8）；
- 依恋时间菜单（表3.11）；
- 交通信号灯系统（表3.12）；
- 节奏性安静（表4.8）。

表9.6　关于性行为要记住的事情

理解性行为

- 性行为有许多不同的类型，不同的意义有不同的术语。
- 一个孩子经历的发育创伤在某种情况下会以展示性行为的方式体现。
- 如果已经发生了非法行为，那么重要的是在治疗谈话之前提供合法证据。
- 与相关专业人员分享性行为的信息十分重要。
- 了解性行为的细节十分必要，便于理解其缘由，因为细节有助于发现引发这种行为未被满足的需求。

从广泛概念来说，性行为分为三类：

- 针对成年人的性行为；
- 针对其他孩子的性行为；
- 独自性行为（证实这种行为的对象不明确）。
- 性行为来自未成年时期的一系列经历。不单单是性虐待的结果，但是这类行为也会因强行照顾、身体虐待、家庭暴力和忽视引发。
- 运用奖惩思维处理孩子的性行为会增加羞耻程度，这可能会导致隐藏而不是减少这种行为。反过来，这可能导致重复这种行为的频率增加而不是减少。

理解需要做什么

针对照顾者的移情行为管理

- 响应式策略：
- 照顾者对他们自己的感情反应有一个好的理解，有助于他们更平静，并且对他们自己的反应较少做出判断。
- 照顾者不应该否认或者掩饰他们的感情，而是去理解并致力于解决这类感情。
- 照顾者应该了解“性行为”的细节，便于理解其缘由。
- 预防式策略：
- 照顾者准备好他们对性行为的反应十分有用。
- 照顾者应该花费一些时间去练习并且更加舒服地使用性语言，他们或许必须运用这些语言与孩子讨论性行为。
- 针对孩子的移情行为管理
- 响应式策略：
- 照顾者避免就性行为羞辱孩子，这十分重要。
- 响应式移情评论。

- 性行为的替代品。
- 预防式策略：
- 预防式移情评论。
- 性行为的替代品。
- 寻求亲密性行为的替代品。
- 细心培养（表3.8）；
- 依恋时间清单（表3.11）；
- 交通信号灯系统（表3.12）。
- 寻求控制性行为的替代品。
- 允许控制（表7.4）；
- 限制性控制（图7.3）。
- 寻求管理性行为的替代品。
- 细心培养（表3.8）；
- 依恋时间菜单（表3.11）；
- 交通信号灯系统（表3.12）；
- 节奏性安静（表4.8）。

第十章

兄弟姐妹相处的困境

Why can't My child behave

对于照顾者来说，重要的是相信他们的孩子对“新角色”的选择不会变成一件纪律或者考验毅力问题。孩子使这个新角色成为可能、安全并且具有吸引力的感情会通过运用移情并建立一种非武断、可信任的照顾者——孩子关系而产生。

住在一起遭受虐待和/或忽视的兄弟姐妹之间存在冲突，这十分普遍。这种冲突可以表现为多种形式，通常表现为极其敌对的兄弟姐妹关系，但是也可能是一个伴随主动/被动和专断/顺从角色的问题。

本章讲述的是一起长大的兄弟姐妹之间竞争、相互敌对并且赤裸裸妒忌的问题，也会探讨兄弟姐妹之间的关系和角色，它们常常作为对早期虐待和/或忽视亲属环境适应性反应的结果而有所发展。

例子

凯文（Kevin）和拉莫斯（lameece）

我已经在第四章中谈过凯文有次暴怒的情况，凯文10岁，拉莫斯6岁，他们共有四个兄弟姐妹。凯文是最大的孩子，拉莫斯是最小的孩子，并且是唯一的女孩。四个孩子过去与他们的养父母休和乔住在一起。

在从出生家庭搬来之前，孩子一直遭受身体虐待和频繁的家庭暴力。由于他们的母亲遭受感情攻击和精神疾病的困境，凯文一直扮演母亲和兄弟姐妹保护者的角色。

凯文告诉我一个场景，当时他的父亲不住在家里，喝醉时回到了家里。凯文解释称他的父亲走在母亲身后，因为拉莫斯挡住了他的路，他把她拎起来并且扔到地上，致使拉莫斯的头撞到了玻璃咖啡桌的边上。凯文给我画了一幅关于拉莫斯头部受伤的生动的画，拉莫斯因为疼痛和害怕大声哭喊，伤口在流血。

凯文解释了他如何让兄弟姐妹待在自己的房间里，并且跟随他的父亲，力图保护他的母亲。他回忆了待在他母亲卧室入口处，看着他父亲踢打他母亲，直到她“安静下来”。凯文一直躲到他父亲离开房子。

凯文解释了他随后如何唤醒母亲，并试着与她说话，因为她蜷缩成一团并且在哭泣。他描述了大量血迹，使劲跟母亲说话，拥抱她，但说她“不用跟我说话”。

凯文也描述了另一场景，一天深夜，他看到母亲带着一把大的厨房用刀离开了房子。凯文认为她要去自杀。他跟踪她，带着房子的钥匙，出来后把门锁了，因为“弟弟妹妹们在睡觉，我不想让任何人进去”。寻找了他母亲一段时间之后，凯文发现她坐在小巷子的地上哭泣。凯文设法劝说母亲回家，并且从母亲那里拿走了刀子。

已经得到证明，家里没有食物时，凯文向弟妹提供，确保他们上床睡觉并去上学。孩子们的入校率很高。凯文7岁时离开了他出生的家庭。

凯文的养父母十分担忧，因为凯文支配他的弟妹，尤其是拉莫斯。他经常命令她，“就像她是他的奴隶一样”，如果她不按照他说的那样去做就会用暴力威胁她。孩子们的养父母解释说，凯文只要看一眼就能胁迫拉莫斯，比如，凯文看一眼餐桌上的拉莫斯，她就会停止吃饭，把自己盘子里的食物给凯文。

休和乔十分担心，这可以理解。他们感觉到凯文一直在暗中使坏，小孩子们更愿意听凯文的，而不是他们的。他们努力工作，试图取得凯文小弟妹们的信任，反抗凯文，并且警惕他的行为，在他“逼迫”他们时申斥他。他们把他送回房间，并且拿走了他的游戏机。这些都没有很好的效果，父母说凯文在“逼迫”方面变得更加“狡诈”。

休和乔也提到，拉莫斯经常用“婴儿的语气”向他们说话，他们几乎不理解这种语气。当拉莫斯向他们索要某些东西时，她似乎更多地使用那种语气。

西姆里塔（Simrita）和古尔普里特（gurpreet）

西姆里塔和古尔普里特是姐弟，与他们的照顾者帕米德（parminder）住在短期的居住地。13岁的西姆里塔和9岁的古尔普里特在我涉入前的6个月一直与父母住在家里。因为父母忽视，孩子们来到当地的照顾机构。古尔普里特的学校保安说，他一直“有些邋遢”，衣服脏兮兮的并且身上经常发出难闻的气味。他遭受遗尿症的困扰，学校称他穿着尿液浸过的衣服来上学，结果其他孩子已经开始想作弄他。

西米里塔的老师称她是一个安静、内向的女孩，几乎没有朋友。他们也称她在学校没有造成任何行为问题。

帕米德个人认为孩子们居住得很好，他们特别害羞，也有礼貌，似乎是幸福的孩子。然而，帕米德解释说，每次他们在一起就打架，甚至为很小的问题争论不休。帕米德描述称，就餐时，西姆里塔和古尔普里特会检查对方的盘子，以确信他们的食物量完全相同。如果不一样多，他们就会彼此争论，推撞并且抢夺对方的食物，并且变得对帕米德也很暴躁。

帕米德还描述，两个孩子对她具有非常强的占有欲，其他任何人在旁边时像胶水一样黏着她，尤其是帕米德的女儿在旁边时。西姆里塔尤其对帕米德感到生气，她会尖声喊叫，并且对帕米德和她弟弟喊叫。一次，西姆里塔把弟弟从沙发上推到了地上，因为弟弟紧挨着帕米德坐，当时她想挨着帕米德坐。

帕米德说，她感觉她的房子已经变成了战场，这严重影响到她自己的女儿（19岁）和丈夫的生活。

典型例子

照顾者可以受邀请使用特殊方法，回应困难的兄弟姐妹关系，这可以影响他们所使用的策略（表10.1）。在兄弟姐妹关系表现为明显的控制、主导行为时，参照第七章或许也会起作用。

表10.1 关系复制：困难的兄弟姐妹关系

出生家庭经历

成年人：		孩子：
在回应孩子需求方面不一致。	→	意识到他们的需求不合理，他们没有价值。竞争给予短期特殊性/价值的有限注意力。

父母在回应孩子需求方面不一致。他们预估了其他事情，无力调整并回应孩子的需求。孩子意识到他们的需求和感情是不合理的，由于“不特别”和“无价值”自我形象的形成，他们的感情会被忽视。为了吸引其他人的注意力必须争斗。胜利者获得了短期的特殊/有价值感。

收养家庭经历

孩子：		成年人：
采用竞争注意力策略，与持久的无价值感做斗争。	→	把这种竞争视作不公平，因此忽视孩子特殊性需求的表现。

当他们没有受到关注时，孩子不能容忍其他人受到关注，因为这表明其他人更有价值/更加特别。结果是孩子为了吸引注意力引发竞争。照顾者把孩子的竞争视作主导其他人、不公平的和过分的要求，因此忽视了孩子吸引注意力的“过分”尝试。因此，照顾者不回应孩

子的需求交流，并对他们回应不一致。

虽然这个例子关注的重点是注意力，但是这可以替代其他兄弟姐妹的敌对状态。

总结：这种不一致和不协调的养育会导致孩子为了“特殊感”而竞争。孩子无意识地邀请照顾者忽视他们特殊感和价值感的尝试。照顾者接受这一邀请。

十分典型的是，当兄弟姐妹玩耍中存在主导/被动情况时，惩罚的是主导的孩子，正如上述凯文和拉莫斯的情况。对于照顾者来说，努力帮助“被动的”孩子，增加他们的自信心和保护自己的能力也十分普遍。

在特别主导性的“包办父母角色”（Parentified）孩子的情况下，照顾者通常会感觉十分受伤和多余。这些感情会导致照顾者强加他们的照顾并且力图争夺家庭的控制权（参照第七章关于如何处理需求控制孩子的讨论）。

一直强烈的兄弟姐妹竞争，正如西姆里塔和古尔普里特，会导致两个孩子与他们照顾者之间的冲突。这可能会使照顾者筋疲力尽，在家庭关系中减少移情，不能起到积极的纽带作用。

在兄弟姐妹中存在竞争，照顾者经常会试着尽可能地把孩子们分开，避免冲突和竞争。照顾者通常遵循公平原则，确保孩子们得到公平对待。相反，一些照顾者认为竞争的孩子没有获得足够失败的经历，换句话说，他们一直被允许赢，可能在这方面被宠坏了。结果是这些照顾者希望给孩子提供更多失败的机会，这都会让他们丧失大部分的竞争力。

弄清楚困难的兄弟姐妹关系的意义

寻求理解发育中曾受创伤孩子困难的手足关系时，移情行为管理模式（图10.1）中“孩子意识”因素中最重要的是联系需求、固有生存策略、经历对大脑和生理的影响、创伤记忆和羞耻感（黑体）。

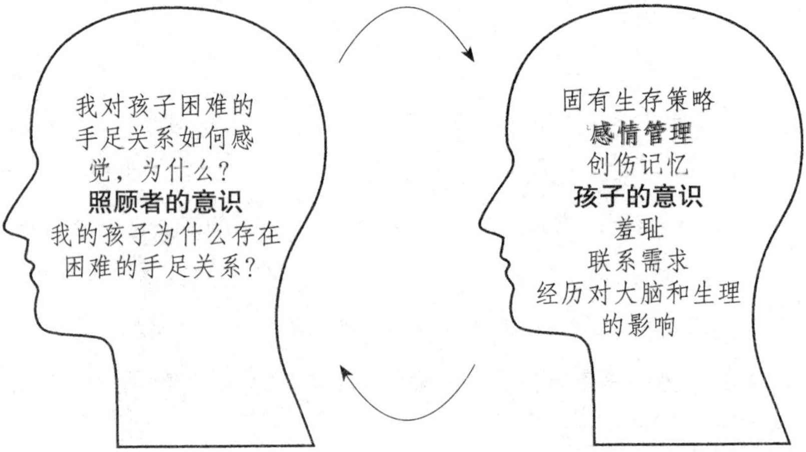

图10.1　困难手足关系的移情行为管理模式

主动/被动的角色

联系需求

正如前几章中讨论的，孩子的联系需求意味着他们在回应他们最初照顾者的对待方式时形成了他们自己的特点。需要对他们自己和/或其他人（父母和/或兄弟姐妹）的生活负有感情和身体责任的孩子们，也尝试着去保留严格控制他们环境的权利（参照第七章，有更多细节）。这在兄弟姐妹关系中转化成了极端主导的角色。

就凯文和拉莫斯而言，对他弟妹非常关键的是凯文一直在控制局面。他似乎一直是本能地保护他们免受父亲暴力和母亲遗弃的唯一的人。

凯文已经变成了一个“包办父母角色”的孩子，即他为了他和弟妹的生存已经承担了太多成年人的责任。孩子们喜欢凯文为了难以承担的责任负出极高代价，但是为了扮演他们“父母的”角色，在孩子没有成熟的情况下，他们需要得到不可妥协和蛮横的控制力。

就拉莫斯而言，她已经学会了她的需求会通过做凯文告诉她的事而得到满足。这类孩子牺牲他们的自主和爱好来保护自己，便于生存，因此这是不公平的，他们期待保护自己并且为自己的行为和决定承担责任。他们顺从的“婴儿”角色毕竟已经帮助他们保护了自己的安全。

这些角色得到这类孩子的默认，向他们提供了一定的安慰，但也伴随着愤怒，因为他们经历过巨大的恐惧。因此，他们留在一个无法容忍的位置上，无法抵抗地陷入他们的主导/被动角色，同时这些角色在他们身上产生了满足、安慰、愤怒和恐惧。

固有生存策略和经历对大脑和生理的影响

在极端压力和恐惧下，如凯文和拉莫斯的例子，大脑对生存模式和行为的默认主要受寻求安全和避免危险命令指导。这种经历在未成年时期不断重复，策略变得固化，并且可能变成处理相似关系时默认位置。

凯文甚至在明显安全的环境下也主导他妹妹，这一需求是由他的愤怒和恐惧缺失引起的。拉莫斯默许他的胁迫一方面是对他存在伤害她的真实潜力而做出的反应；另一方面，这也正是她自己处理悲伤和获得感情管理的固有缺失方式。在这种情况下，对于许多孩子来说，放弃控制权可以从心理上得到安宁。

创伤记忆

在扮演“包办父母角色”的孩子中主导、负责任和/或施加控制的需求，或者在“被动”孩子中服从和/或默认的需求是对创伤记忆的一种反应。所引发的记忆或许是恐惧、压力、感情失调，对一个场景或者有压力的关系的感情记忆的创伤感。只存在于已经形成这类生存策略的兄弟姐妹之间，事实上，这足以引发孩子主导/被动本能。

羞耻

他们的创伤是通过奖惩思维而产生的生存策略，孩子将他们的创伤合法化了，任何申斥这个孩子的尝试都会导致羞耻感增加，有些事情是孩子没有准备好去应付的。这是因为孩子运用生存策略而受到申斥，并且不可能在未成年时期获得容忍羞耻的必要同情。

竞争

联系需求和羞耻

孩子学会容忍失去的能力并且通过建立信任关系，在未成年时期学会让自己至少在一个人眼中是“特别的”。

不是由于没有充分的失败经历而竞争，孩子在他们最早的关系中已经“失败”了太多次。特别是，他们没有把某些事放在第一位的持续经历，这些事情对于未成年孩子至关重要。在未成年时期获得过持续放在第一位的经历，即有责任又富有同情心地处理他们的需求，能够使孩子内化“特别”感，即积极的自尊。

有竞争的孩子事实上一直争夺在某方面最好或最重要这种华丽的特别感。这类孩子几乎常常感到这类感情的缺乏。因此，竞争被视作寻求依恋行为，第三章中大量的观点在理解竞争性孩子方面十分有用。

固有生存策略和经历对大脑和生理的影响

竞争对于没有得到足够协调、感性照顾的孩子来说是一种有用的策略。拼命争取吸引他们所依恋但很大程度上不可能获得的某人的注意力是一项已经形成的非常感性的策略。当孩子知道获得是有限的，坚持并注意其他某些人获得注意力是十分危险的。假设存在需要获得的注意力，一个发育曾受创伤的孩子那么做，他们必须使机会最大化，去得到它。

兄弟姐妹相处困境中运用奖惩思维所带来的后果

扮演主动/被动角色的兄弟姐妹和竞争性的兄弟姐妹通常是分开的，因为他们认为他们在一起会有碍自己的行为。然而，没有办法判断未成年时期和童年早期的经历在孩子大脑、个性和他们如何与其他人互动方面形成的巨大影响。后果是，如果孩子与导致他们受创伤的兄弟姐妹分开，他们多半会把这种角色带入其他关系中。

存在这种情况，兄弟姐妹关系的创伤比孩子与虐待/忽视父母间关系的伤害更大。兄弟姐妹彼此关系的作用，其压力可能会瓦解他们通过修复与照顾者之间关系所修复早期创伤的能力。在这类情况下，如果创伤不能够通过治疗性的养育得以修复，那么对于发育曾受创伤的孩子来说，与兄弟姐妹分开是最好的选择，以便孩子能够得到治疗性的养育。

当兄弟姐妹没有分开时，试着改变相互之间的关系，对可能导致的角色和身份丧失必须通过用心和同情去完成。这些角色和身份可能确保孩子的安全，因此必须带着尊重和同情去处理。

在这类关系中，主导的兄弟姐妹因为他们的生存策略受到惩罚十分普遍，毕竟这潜在地对被动的兄弟姐妹具有非常大的伤害。然而，这类角色的保持通常更多地伤害主导的兄弟姐妹。他们把自己置于危险中，承担所有责任，可能因为这个角色而受到成年人和社会的广泛谴责。此外，人们通常对主动角色有更大的期待，期待他们会有更大的改变。

通过奖惩思维改变主动/专横行为的尝试可能无法应对潜在的动力，即固有生存策略。因此，这种策略更可能强迫孩子做出更加具有破坏性和欺骗性的行为，而不是去停止这种行为。

在没有优先采取同情方法的情况下，奖惩策略也可能威胁到孩子脆弱的自尊和身份。

过去用来处理兄弟姐妹间竞争的典型策略增加了孩子失去或采取有点固执的措施去获取平等的可能性。前者几乎肯定会增加孩子的羞耻程度和他们的防御、竞争行为。同时后者更可能成功，也可能意味着错过渗透某种“特别”感的机会。

只有从理解各类关系中移除责备和武断，把这些关系理解为感性和必然的生存策略，我们才可以帮助每个孩子走出他们受创伤的角色。

兄弟姐妹相处困境中的情感行为管理策略

针对照顾者的移情行为管理

针对照顾者的响应式移情行为管理

当兄弟姐妹顺从他们受创伤的角色，注意到他们自己对于兄弟姐妹互动的本能和感情是什么时，照顾者利用机会十分重要。照顾者运用第二章表2.12十分有用，有助于他们处理此事。运用这种理解力，有助于孩子们知道兄弟姐妹关系压力的底线以及影响照顾者处理这种行为的方式。

针对照顾者的预防式移情行为管理

安静时，照顾者不要立即面对任何具有挑战性的兄弟姐妹冲突，花一些时间去反应并理解他们自己对孩子的关系和行为的感情和反应，对于照顾者来说十分有用。表10.2可能有助于照顾者探讨他们对兄弟姐妹关系的经历和期待。表10.3有助于照顾者探讨他们对于发育中曾受创伤孩子有时扮演的主动/被动角色的想法。

表10.2　你对兄弟姐妹关系的经历和期待

照顾者或许喜欢试试下述练习，探讨他们对于兄弟姐妹关系“应该”如何的想法和感情。

你对于兄弟姐妹关系的经历是什么？

- 你有兄弟和姐妹吗？
- 你与任何像兄弟姐妹关系的人保持关系吗？
- 你近距离了解过兄弟姐妹关系吗？
- 你在童年时对这种关系的经历是什么？
- 你在成年时对这种关系的经历是什么？

描述这种关系

- 它是积极的、消极的还是混合的？

想想你认为在某些方面代表这种关系的一种记忆/一件事。

父母/你的父（母）拥有什么样的兄弟姐妹关系？

这种关系以某种方式形成了你的性格吗？如果是，如何形成的？

描述理想的兄弟姐妹关系。

表10.3　你对各类关系中主动和被动的经历和期待

照顾者可能喜欢试试下述练习，以探讨他们自己对于各类关系中主动性和被动性的想法和感情。

你曾经感到受逼迫吗？如果是，描述引起这种感情的一件事。

你曾经在决策过程中处于更加次要位置吗？如果是，描述这样一件事。

想想一种你在其中一直处于比较主动位置的关系并且描述它。

想想一种你在其中一直处于比较次要位置的关系并且描述它。

控制让你感觉如何？

次要位置让你感觉如何？

你自己认为在各类关系中更加主动还是被动？

在各类关系中涉及主动性和被动性时你对性别的期待是什么？

针对孩子的移情行为管理

针对兄弟姐妹之间主动和被动角色，照顾者看看第七章及其中的策略可能十分有用。

对于兄弟姐妹竞争伴随寻求依恋的各类问题，第三章可能对于提高孩子的特别感并减少他们的竞争需求十分有用。

针对孩子的响应式移情行为管理

移情评论

面对兄弟姐妹扮演的主动和被动角色以及兄弟姐妹和兄弟姐妹般的人之间的竞争（表10.4），可以运用移情评论。

表10.4 对于困难的兄弟姐妹关系响应式移情评论

照顾者可以运用下列表述来应对困难的兄弟姐妹关系。这些例子和第三章表3.9中的黄金原则可以用来帮助照顾者提出自己的表述。

主动/被动角色评论

"你们两个又做回原来的角色了吗？当然是！你还没有机会增加对我的信任，放弃那些角色。我真的想帮助你们，让你们感到可以让我管理你们，我会保证你们是安全的，过去的事情不可能再发生。"

"哇，真的感到你应该做你大姐姐让你做的事！我可以理解。长期以来，她更像一个妈妈，而不是姐姐！我想试着并且帮助你们，让你们相信我现在可以为你们做妈妈该做的事。"

"你一直告诉马克（Marc）要去做什么。我理解你为什么要那么做。你过去有太多的义务保证他是安全的，对他来说，不质问你按你说的去做真的很重要！"

"我绝对理解你为什么对你弟弟那么做。考虑到两人是平等的，就像得到相同的对待一样，会让你感到害怕，因为你们过去一直处于不安全的环境中，你有着强烈的领导欲！但是你是可爱的！"

兄弟姐妹竞争评论

"赢/得到关注都使你自己感到非常可爱，不是吗？"

"噢，不！你认为你没有得到公平对待！对不起，这真的是一个可怕的感觉，我也讨厌它！"

"你们两人为了挨着我坐而争夺。我知道你们想让我认为你们是特别的。"

"当然，你们两人为了谁能得到最多的圣诞礼物而争斗！你一直不得不为了公平对待而争斗，为什么要彼此竞争？我花费了大量时间去帮助你们，相信你们都是特别的。”

“你得到公平对待如此重要。当然是这样！每个人都想得到公平对待！你们从小到大，就长期没有得到公平对待。你能够放松并且真的相信我和其他人想公平对待你们之前，需要一段时间。”

“你们两人为了电视吵架。我认为你们两人都觉得如果你们不激烈争夺，就会失去。不足为奇，你必须相信妈妈照顾过你，并且如果你的声音不是最大的，你就会被忽视！”

组织性的游戏/活动

如果孩子们参与这些惯常角色（竞争或者主动/被动）的首要目标是安全和亲密，那么回应最好的治疗方式是通过提供与照顾者的互动以及兄弟姐妹间有组织的活动保证他们安全和亲密。

头疼的兄弟姐妹行为可以运用第三章中的依恋时间清单转化成更积极的互动。这可以用于单个的孩子或者照顾者把他们带到一起，彼此有一段不同的愉快的经历。在对他们的互动保持某些控制的同时，对于照顾者和兄弟姐妹来说，这么做的最好方式参与有组织的游戏和活动。游戏包括任何棋盘游戏、打牌、烹饪等。这些活动的主要标准是有一个清楚的结构、有趣、照顾者和孩子可以一起参与，换句话说，照顾者和具有困难关系的孩子们一起能够参与。

在这些活动中照顾者的角色是在孩子们与照顾者互动或彼此互动的同时尽可能让每个孩子感到特别。重要的是，照顾者走出“裁判”模式，并且应对每一次的竞争尝试和/或陷入旧角色，与另一个充满特殊感、试图使他们成为裁判的孩子竞争。这听起来简单，但是可能令人彻底疲惫不堪。最后照顾者或许希望提前限定活动时间，例如直到蛋糕做出大约一小时。

针对孩子的预防式移情行为管理

预防式移情评论

为了使照顾者帮助孩子理解他们在兄弟姐妹关系困境背后撒谎的无意识动机（表10.5），这些技巧十分有用。该信息在形成一个从困境到将来转变成更积极关系平台方面十分有用。

表10.5　对困难兄弟姐妹关系的预防式移情评论

照顾者可以运用下列表述，努力阻止困难的兄弟姐妹关系。这些例子和第三章表3.9中的黄金原则可以用来帮助照顾者提出自己的表述。

主动/被动角色评论

“我已经注意到你不再让克雷格（Craig）承担你所做决定的全部责任。我认为我理解这是为什么，你想听听我的想法吗？我认为过去，当你和妈妈住在一起时，在妈妈不能照顾的情况下克雷格必须照顾你。我认为你从来没有真正学会如何做出自己的决定，并且应付责任问题。现在困难来了这不足为奇！”

“我一直在思考你的角色，当你告诉詹妮（Jenny）去做什么，甚至威胁如果她不做就打她。这很容易让人感觉我应该为此责备你，但实际上这是你和詹妮过去需要的方式。毕竟如果詹妮不按照你说的去做，你爸爸在跟前的话，她会真的受到伤害！在处理对詹妮、乔希、弗雷娜和你自己负责方面一定是非常困难。那对于一个孩子必须应对来说太多了！对你是不公平的！这不足为奇，我们很难调整到一个家里让你不需要承担这些责任并且成年人期待你不要控制你弟弟妹妹的状态，这是一个巨大的改变！”

"我认为你与妈妈和爸爸住在家里，完全适应了这种模式。你是否想知道我为什么这么想？我认为某人必须当统领，其他人必须按他们所说的去做，因为任何一个孩子都要得到照顾的话，那是唯一的办法。克雷格尽他最大的努力照顾你，即使他太小而不知道如何照顾你，并且你、乔希和弗雷娜必须全都听话，否则你们不会得到任何食物，甚至还会受到伤害！"

"谢天谢地，你来了，克雷格！没有你其他的孩子不会愉快。我们只是需要找到一个办法，帮助你，认为你现在不需要施加控制，可以享受被成年人照顾的美好时光，这个成年人会照顾你并且确保你的安全。"

兄弟姐妹竞争评论

"你们两个为了吸引我的注意而竞争时，我想这是因为你们认为你们的需求没有得到足够满足。那毕竟是你从妈妈和爸爸那里得来的经历！我想给你们足够的爱和关注。"

"我想你们似乎认为你们必须赢得这种感觉，即你们是最好的或者最特别的。孩子们通常在很小的时候学会让自己在父母眼中是特别的，但是我想你们错过了，因为妈妈如此可怜，不能使你们有那种感觉。"

"我想我必须努力使你们俩感到更加特别。"

"相信你们俩得到同样的食物真的对你们很重要。我想那是因为你们想得到同样的待遇，或许认为我不会注意到你们所做的。毕竟，过去没有人证实你们得到很好的或者公平对待，但是你们不要担心，我会公平对待你们的！绝对是这样！"

确定旧角色

当情况平静下来，照顾者花费一些时间，与孩子思考一个孩子所扮演的角色，这或许有用。移情评论表述有助于孩子去理解他们的照顾者不是评判他们所扮演的角色，照顾者对于为什么他们会扮演那些角色有一个好的策略（表10.6）。

最好把这种策略用于所有被收养/寄养在家里的孩子，因为他们的关系动力会在彼此间而不是独立起作用。

表10.6　确定旧角色

照顾者和孩子一起浏览这张工作表，努力理解孩子和他们的兄弟姐妹过去所扮演的角色。

在你妈妈和爸爸的家里谁是主管？谁是指挥者？

谁通常管理所有的孩子？

主管的这个人必须做什么？他们的工作是什么？

受管的其他人必须做什么？他们的工作是什么？

如果主管的这个人不在会发生什么？他们为什么必须做这项工作？

如果受管的那个人不在会发生什么？

他们为什么必须做这项工作？

关于你必须承担的旧角色/工作有利的是什么？

关于你必须承担的旧角色/工作不利的是什么？

你喜欢你必须承担的工作/扮演的角色吗？

其他兄弟姐妹喜欢你必须承担的工作/扮演的角色吗？

构建首选角色

改变孩子与其他人的角色，照顾者可以努力帮助他们确定在新家里发生的事情与他们以前/出生家庭是多么的不同。

表10.7中的练习重要在孩子的想法上，因此它有助于孩子们尝试新角色。然而，他们不需要改变对这种情况和他们认为被迫扮演角色之间的感情。感情的变化通过练习和重点使孩子建立与照顾者之间信任的经历而完成，允许他们经历在新角色中的积极感情。

表10.7 建立新的兄弟姐妹角色

照顾者可以把这张工作表用于孩子，便于同孩子谈论他们的角色，这或许对孩子与新家的兄弟姐妹更有用。

- 在我们家里谁负责照顾孩子们?
- 在我们家里谁负责使孩子们感到特别并得到宠爱?
- 思考一直变化角色会是什么样子?
- 你的新工作/角色是什么?
- 我们如何能相信你在新角色中不会运用那些坏脾气?
- 我们如何能相信在没有必须要做的旧工作时你对新角色/工作有一个良好的感情?
- 如果旧角色/工作回来甚至你不想让它回来时我们将做什么？我们能做什么？你能做什么?

对于照顾者来说，重要的是相信他们的孩子对“新角色”的选择不会变成一种纪律或者考验毅力的问题。孩子使这个新角色成为可能、安全并且具有吸引力的感情会通过运用移情并建立一种非武断、可信任的照顾者—孩子关系而产生。当角色改变时，可能会有强烈的丧失感。对于照顾者来说，重要的是抓住这种观念，孩子以前角色中的某些因素会是好的，去保留，因为它已经成了孩子性格和身份的一部分。

表10.8 记住有关困难的兄弟姐妹关系的事情

理解困难的兄弟姐妹关系

- 照顾者或许会发现第三章和第七章在处理困难的兄弟姐妹关系时或许也会起作用。
- 住在一起经历过创伤的兄弟姐妹间的冲突和困难非常普遍。
- 两个普通兄弟姐妹的关系问题是竞争和主动/被动角色。
- 就后者而言，吸引人的是训练主动的兄弟姐妹。
- 重要的是对养育这类孩子做出正确判断，理解各自角色的原因和职能。通常“主动的”孩子会成为巨大的牺牲品，为了保护并“养育”他们的兄弟姐妹。
- 就兄弟姐妹竞争和难以成为“最好”而言，孩子们通常在内心斗争，避免他们为公平对待和为“特殊性”而斗争的历史。
- 竞争行为通常作为一种适应养育环境的策略而形成，在那种环境中没有得到足够重视，并且一定存在必须争取的东西。
- 通过奖惩思维来回应困难的兄弟姐妹关系会导致孩子羞耻感的增加，并引发防御和欺骗行为。
- 奖惩策略也会导致发育中曾受创伤孩子丧失其角色，并威胁到已经脆弱的特性。

理解要做什么

针对照顾者的移情行为管理

- 响应式策略：
- 照顾者对他们自己的感情反应可能是什么样有一个好的理解，有助于他们更加平静，较少对他们自己的反应做出武断行为。
- 照顾者不应该力图否定或者掩盖他们的感情，而是理解并理性对待他们的感情。

- 预防式策略：
- 你关于兄弟姐妹关系的经历和期待。
- 你关于关系中主动和被动的经历和期待。
- 针对孩子的移情行为管理：
- 响应式策略：
- 移情评论。
- 有组织的游戏/活动。
- 预防式策略：
- 移情评论。
- 确定原来角色。
- 构建首选角色。

参考文献

第一章　我已经尝试了所有方法，为什么不起作用?

A.布劳尔、A.阿多、J.霍奇森、L.莱明顿、K.托尔森，“受照顾孩子的精神健康问题：需求评估”。《临床孩子心理和精神病学》第9期，第117-129页，2004年。

C.R.布鲁因、T.达格利什、S.约瑟夫，“外伤后应激障碍症的双重表现理论”，《心理评估》第4期（总第103期），第670-686页，1996年。

G.迪米根、C.德尔普里奥尔、S.巴特勒、S.埃文斯、L.弗格森、M.斯万，“由当地机构照顾时期孩子中的精神疾病”，《英国医学杂志》第319期，第675页，1999年。

J.C.埃尔克斯，《大脑的进化》，伦敦：劳特利奇出版社，2005年。

J.B.麦凯恩、A.詹姆斯、S.威尔逊、J.邓恩，“精神疾病在关爱系统中的年轻人中盛行”，《英国医学杂志》第313期，第1529-1530页，1996年。

H.梅尔泽、T.科尔宾、R.加特沃德、R.古德曼、T.福特，“英国当地机构所照顾年轻人的精神健康问题：总结报告”，伦敦：文书局，2003年。

P.米勒，“关于双胞胎的一二事”，《国家地理》1月号，第46-65页，2012年。

B.佩里，“神经发育原则与临床实践相结合：神经序列模式疗法（NMT）”，沃本庄园：会议，2011年。

A.N.斯霍勒，“影响管理和自我的起源”，霍夫：劳伦斯出版社，1994年。

B.A.范德科尔克，“发育创伤疾病”，2013年6月4日链接中查到：www.traumacenter.org/products/develpoment_trauma_disorder.pdf，2005年。

第二章　照顾者情感的重要性

M.贝克和G.斯科菲尔德，“对寄养和收养的依赖：一项培训计划”。伦敦：英国收养协会，2006年。

第四章　红旋风

E.S.德容格、A.博加特、A.A.莱温多斯基、A.冯阿尔、W.S.戴维森，“暴露在家庭暴力下的未成年人预计对成年人的言语冲突极其敏感”，《未成年人精神健康》第3期（总第26期），第268-281页，2005年。

J.W.梅森、S.王、R.叶胡达、S.赖尼、D.S.恰尼、S.M.索斯维克，“在外伤后应激障碍相关的竞争中尿皮质醇水平下降与增加的感情麻木和羞耻压抑综合征相关”,《心身医学》第63期，第387-401页，2001年。

K.麦克伯耐特、B.B.莱希、P.J.拉霍斯、R.洛伯，“在具有破坏性行为的男孩中较低的唾液皮质醇和持续攻击”，《普通精神病学文献》第57期，第38-43页，2000年。

第五章　幻想中的女孩

D.西切蒂，“发育和意识和自我管理结构”，《发育和心理学》第57期，第533-549页，1994年。

W.F.弗莱克、B.T.利兹、F.Y.谢、D.G.卡洛佩克、T.M.基恩，“感情麻木的征兆、修复：一种复制和延伸”，《创伤性应激杂志》第13期，第611-618页，2000年。

B.D.佩里，“在恐惧中酝酿成熟：‘暴力循环’中的神经发育因素”，奥索夫斯基编辑，“儿童、青年和暴力：寻找解决办法”，纽约：吉尔福德出版社，1997年。

A.N.斯霍勒，“早期关系创伤对右脑发育的影响、影响管理和未成年人精神健康”，《未成年人心理健康杂志》第22期，第201-269页，2001年。

第六章　高能的孩子

M.刘易斯和D.拉姆齐，“前18个月期间在皮质醇和压力的行为反应方面的稳定性和变化”，《发育心理学》第8期（总第28期），第419-428页，1995年。